the space between

Progetto grafico
Graphic Design:
Stefano Martignago, Treviso

Traduzioni
Translations:
Just! s.n.c., Treviso

Questo libro viene pubblicato grazie al generoso contributo di:
This book is generously supported by:
Maus S.p.A., Campodarsego, Padova
Fonderie del Montello S.p.A., Montebelluna, Treviso

Grazie a / Thanks to:
Enrico Carraro, Mario Carraro, Tiziana Votta,
Stefano Martignago, Alessandra Pivato, Alberto Regis,
Guido Guidi, William Guerrieri, Moreno Gentili,
Mino e Barbara Mazzocato, Diana Molin,
Francesco Raffaelli, Piero De Lucca, Umberto Prior,
Ennio Venturin, Leonardo Calligaro, Luca Barban.

M. Z.

ISBN 88-8158-334-8

Edizioni Charta
Via della Moscova, 27
20121 Milano
Tel. +39-026598098/026598200
Fax +39-026598577
e-mail: edcharta@tin.it
www.chartaartbooks.it

Printed in Italy

marco zanta

the space between

photographs about japan

testo di / text by
emmanuel hermange

CHARTA

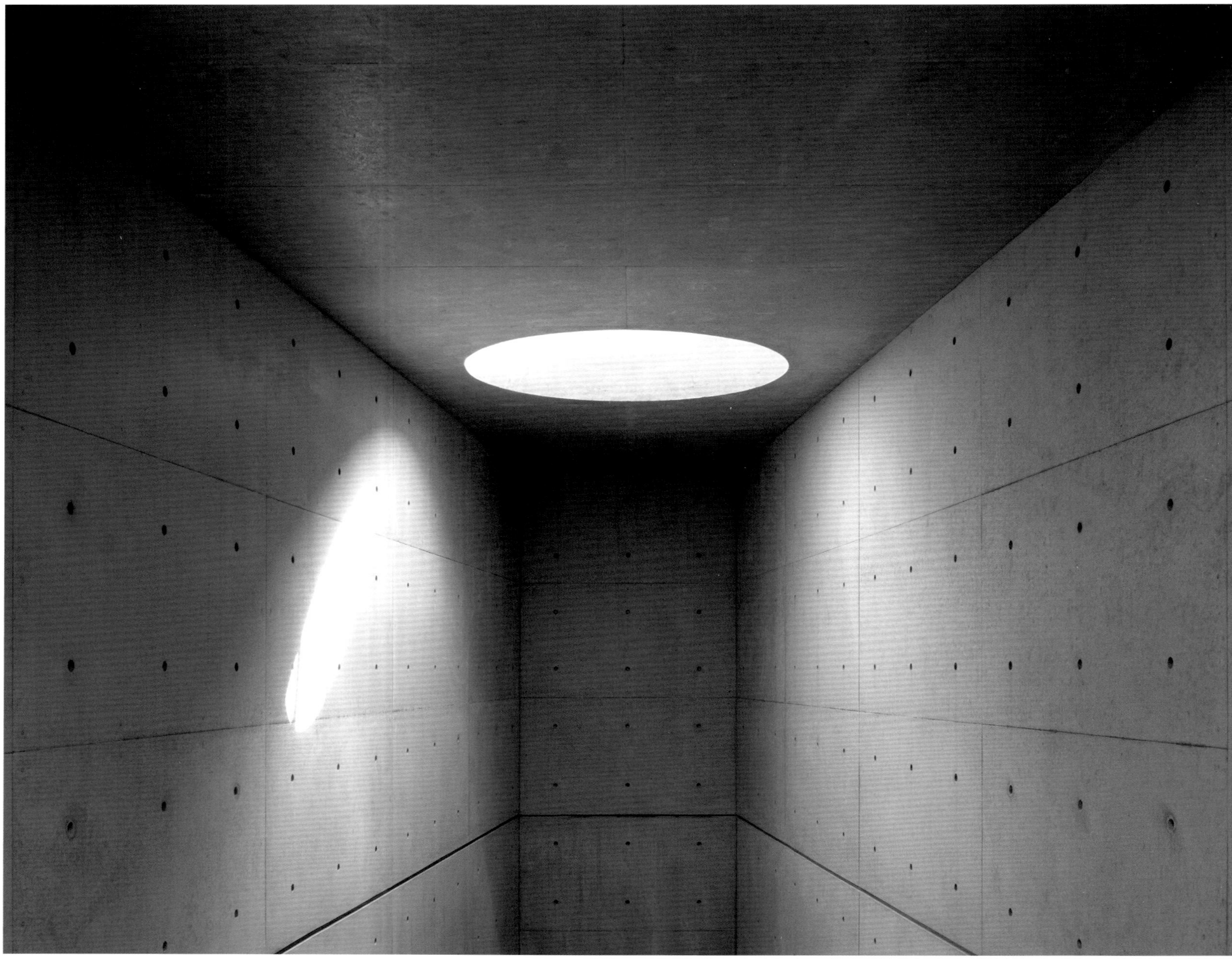

A Yuko

La circulation de l'air - Marco Zanta si è dedicato per un mese – settembre 2000 – a visitare Tokyo e Osaka, i due punti che definiscono una megalopoli con cui noi occidentali abbiamo in fretta identificato, e a cui abbiamo ridotto, tutto il Giappone.

Ciononostante, nel corso degli anni Ottanta – allorché, grazie alla densità della sua popolazione e al suo potere economico, Tokyo si è elevata al rango di città a livello mondiale, rivaleggiando con New York e Londra – gli stessi giapponesi si sono lasciati andare ad una vera e propria "tokyologia". Durante tale decennio, non passava settimana senza che una pubblicazione venisse consacrata, più o meno direttamente, a Tokyo e al suo antecedente, Edo[1]. È comunque vero che da allora si è gradualmente verificato un cambiamento: agli occhi degli europei, l'assoluto di città incarnato nell'era moderna da New York – città europea nelle sue radici culturali del surplus – si è spostato con la post-modernità verso la capitale nipponica. L'ideologia occidentale post-moderna e le sue sfide relative alle definizioni di copia, di riappropriazione, di chiamata in causa del soggetto e dell'autore erano molto meglio descritte dalla cultura giapponese, quantomeno attraverso gli stereotipi che essa ha coniato. Tuttavia, come ci ricorda l'apertura nel 1998 a Naruto di un museo di copie dei maggiori capolavori dell'arte occidentale, tali stereotipi si rifanno a delle realtà tangibili.

Non sono mai stato in Giappone. Non ancora. Vi è una tensione verso il Giappone che anima queste righe. Un desiderio di Giappone che ha trovato origine nella fotografia alla fine degli anni Ottanta, quando gli scambi culturali tra Tokyo e alcune capitali europee ci permisero di scoprire figure tanto diverse e importanti, quali Nobuyoshi Araki, Daido Moriyama, Shomei Tomatsu oppure Hiromi Tsuchida. E sono questi autori che, sulle

1. La maggior parte delle osservazioni sulla società giapponese sono tratte dall'opera di Augustin Berque, *Du geste à la cité. Formes urbaines et lien social au Japon*, Parigi, Gallimard, 1993.

To Yuko

La circulation de l'air *- Marco Zanta dedicated a month – September 2000 – to travelling from Tokyo to Osaka. These are the two extremes that define a megalopolis within which we, the Westerners, have hastily reduced Japan.*

Nevertheless, during the eighties, thanks to its population density and economic power, Tokyo attained the rank of an international city that could rival New York and London. The Japanese themselves finally espoused a real "tokyology". During the course of that decade, a book was dedicated, more or less directly, nearly every week to Tokyo and its antecedent, Edo[1]. It is true that, since then, a gradual shift has taken place: to the eyes of the Europeans, the concept of an absolute city, embodied in the modern age by New York, has been replaced by the post-modern Japanese City. The rhetoric of post-modernism and its challenges concerning basic notions of repetition, appropriation, and the subjective author, have been much better validated by Japanese culture (at least through the stereotypes it has created.) However, as the 1998 opening of a museum displaying copies of the major masterpieces of Western art in Naruto reminds us, these stereotypes stem from tangible realities.

I have never been to Japan. Not yet. There is a tension towards Japan that radiates from these lines. A desire for Japan that found its source in photography at the end of the eighties, when cultural exchanges between Tokyo and some European capitals enabled us to discover very different and remarkable artists, such as Nobuyoshi Araki, Daido Moriyama, Shomei Tomatsu, or Hiromi Tsuchida. These authors, along with some cinematographers and writers, contributed to melting away the anguished European opinion that depicted

1. The majority of remarks on Japanese society have been taken from the book by Augustin Berque, Du geste à la cité. Formes urbaines et lien social au Japon, *Paris, Gallimard, 1993.*

orme di alcuni cineasti e scrittori, hanno contribuito a spezzare la visione angosciata degli europei che dipingevano la società giapponese sotto il giogo di una disciplina collettiva, prevalente sul singolo individuo. Ma soprattutto, le tecniche di questi stessi fotografi sono ancorate al fenomeno urbano medesimo, in una relazione di intimità inedita ai nostri occhi, in contatto diretto con il suo aspetto più organico – come nel caso di Araki che intreccia sempre corpo, desiderio, città e morte, ad un livello mai raggiunto da nessun altro artista occidentale – oppure animate da una tensione in bilico tra distruzione e costruzione, così come è stato magistralmente trasposto da Hiromi Tsuchida in *Hiroshima* (1985).
La plasticità delle città giapponesi, risultato dei continui cantieri che le deformano e rimodellano, colpisce i visitatori europei. Mentre i bastioni in pietra, che costituiscono le fondamenta della civiltà mediterranea, sfidavano con fierezza il tempo, in Giappone, diversamente, la plasticità delle costruzioni esalta il trascorrere dello stesso. In termini economici ciò ha potuto tradursi in una "cultura del flusso" in contrapposizione alla nostra "cultura dello stock". Evanescenza, sospensione nella percezione del tempo, plasticità e fluidità nell'apprensione del movimento delle cose e dello spazio; uno spazio di per se stesso saturo di segni. Non vi è dunque bisogno di cercar lontano le motivazioni dell'attrazione esercitata dal Giappone sui fotografi europei a partire dagli anni Novanta – al punto che si potrebbe parlare di "nippotropismo". Alcuni programmi di scambio hanno visto la luce, come "Tokyo Today" oppure, più recentemente, "European Eyes on Japan", il quale propone il punto di vista di una ventina di fotografi europei nelle quarantasette prefetture del Giappone, dal 1999 al 2002. È per conto proprio – al di fuori di qualsiasi programma culturale – che Marco Zanta ha condotto questo progetto. Certamente, dal punto di vista storico, non si può non notare il filo sottile che lo lega al

Japanese society as being under the yoke of a collective discipline prevailing over individuals. The techniques of these photographers are anchored in the urban phenomenon itself; in an intimate relationship yet unknown to our eyes, and the close contact with its more organic aspect – as in the case of Araki who continuously entangles bodies, desire, city and death, to an extent that no other Western artist has; or the tense equilibrium between destruction and construction, majestically represented in Hiromi Tsuchida's Hiroshima *(1985).*
European visitors are struck by the plasticity of Japanese cities, the result of unceasing work-sites that deform and reshape them. While the stone pillars that are the foundation of Mediterranean civilization proudly challenged the passing of time, in Japan – on the contrary – the plasticity of buildings celebrate it. From an economic point of view, this can be translated as the "culture of flux", as opposed to our "culture of stock". Evanescence, suspension of the perception of time, plasticity and fluidity in the comprehension of movement and space, and a space itself saturated with signs; we do not need to go further to justify the attraction towards Japan that has moved European photographers since the early nineties. Some exchange programs have been inaugurated, such as "Tokyo Today" or, more recently, "European Eyes on Japan", which display an overview of about twenty European photographers in the forty-seven Prefectures of Japan, from 1999 to 2002. But it is on his own that Marco Zanta has realized his project, outside the framework of any program. Certainly, from the historical point of view, we cannot avoid noticing the subtle thread that ties him to the trip of the Venetian Felice Beato, one of the pioneers of Italian photography who in 1863 went to Yokohama. There he worked hard not only to create the representation of a secular Japan for Westerners, but also to spread the practice of a new technique, which may have been introduced to the land of the Rising Sun in 1848. Although the situation

viaggio del veneziano Felice Beato, uno dei pionieri della fotografia italiana. Egli si stabilì a Yokohama nel 1863, dove si dedicò a modellare l'immagine di un Giappone secolare per gli occidentali, nonché a incentivare l'utilizzo del nuovo strumento nell'impero del Sol Levante, dove era stato introdotto nel 1848. Se la situazione non è più la stessa e se il Giappone incarna ormai l'Altro della modernità, vi è però la volontà, all'origine stessa del viaggio di Zanta, tanto di confermare quanto di conservare il fantasma del Giappone, alimentato dalla rappresentazione diffusa che i media possono dare oggigiorno di questo paese, ma soprattutto dalle opere dei fotografi europei che l'hanno scoperto nella fase transitoria della sua ricostruzione – come Werner Bischof oppure William Klein – all'inizio degli anni Cinquanta.

"In qualsiasi luogo di questo paese", scrive Roland Barthes, "si crea un'organizzazione speciale dello spazio: viaggiando (in strada, in treno lungo le periferie o le montagne), percepisco il congiungersi di uno sfondo con una frammentazione, il giustapporsi di campi (in senso rurale e visivo), ad un tempo discontinui ed aperti[2]." In eco alla plasticità, alla fluidità e alla saturazione dello spazio già citati, questa descrizione suggerisce una tensione dello spazio tra frammentazione e linearità, tra limiti e distese. In questa tensione può volersi cimentare un fotografo come Marco Zanta, teso alla combinazione delle superfici, dei volumi e dei materiali consunti dall'uso, dal tempo, quali possono apparire nel prisma della nuda percezione, della memoria e di uno strumento visivo, la macchina fotografica. È in particolare con i paesaggi industriali che Marco Zanta ha elaborato una comprensione dello spazio con la fotografia. Secondo un ritmo già sperimentato in *Iconema* (1999), questo libro è scandito da vedute di cantieri – soprattutto navali – e vedute di città. Aspetto professionale della sua tecnica – che con grande coerenza egli non contrappone come fanno tanti fotografi a un progetto che rac-

2. *L'Impero dei Segni*, Torino, Einaudi, 1984, p. 128.

is no longer the same and Japan now only embodies the Other of modernity, there is the will, the same that motivates Zanta's travel, to confirm as well as to keep alive the ghost of Japan. This is fuelled by the widespread representation of the country given by the media nowadays, but in particular by the work of European photographers who discovered it during the transitory phase of its reconstruction at the beginning of the fifties, such as Werner Bischof or William Klein.

"In any and every site of this country", writes Roland Barthes, "there occurs a special organization of space: traveling (in the street, in trains through the suburbs, over the mountains), I perceive the conjunction of a distance and a division, the juxtaposition of fields (in the rural and visual sense) simultaneously discontinuous and open[2]". As an echo to the previously evoked plasticity, fluidity, and saturation of space, this description suggests a tension of space between fragmentation and linearity, enclosure and extension. And a photographer such as Marco Zanta may want to confront himself with this tension; a photographer who is concerned with the combination of surfaces, volumes and materials worn out by time and use, and with their appearance in the prism of naked perception, of memory, and of machinic vision. In other words, the camera. Particularly with industrial sites, Marco Zanta has elaborated his comprehension of space with photography. Following a rhythm that the author has already experimented with in Iconema *(1999), this book displays views of work sites – mainly naval sites – and cities. These pictures bear a professional characteristic of his technique that he consistently embraces: the revelation of something "personal". This series of images are solidly anchored in construction and precision; a structure in which, literally, some sign-images are encased: details of objects and inscriptions, or scenes rendered uncertain by the absence of neatness. Even if human figures*

2. Empire of Signs, *New York, Hill and Wang, 1982, p. 107.*

coglie elementil "personali" – queste foto danno al susseguirsi di immagini un ancoraggio solido nel costruito, nella precisione, letteralmente una struttura nella quale si incastrano delle immagini-segno: dettagli di oggetti ed iscrizioni, scene rese incerte dall'assenza di nitidezza. Anche se la figura umana abita talvolta le sue fotografie, Marco Zanta non raffigura dei ritratti veri e propri, né rappresenta dei corpi. Egli coglie prevalentemente delle presenze, potrei dire degli spettri. Tanto più qui, dove la figura dell'Altro non appare che da lontano, inafferrabile. In ciò, egli giunge indubbiamente – per un altro percorso – alla medesima constatazione del fotografo inglese Paul Graham, il quale in *Empty Heaven* (Scalo, 1995) ha fotografato di profilo e a fior di pelle volti di uomini giapponesi, volendo anche sottolineare la difficoltà degli europei a trovare la giusta distanza rispetto all'Altro in Giappone. Spesso penso a quella studentessa giapponese che, non riuscendo a sostenere lo scambio di sguardi nei luoghi pubblici parigini, aveva anticipato il suo rientro.

"Ogni oggetto, ogni gesto, anche il più libero, il più mobile, sembrava bloccato[3]". In quest'altra osservazione di Barthes sembra di ritrovare le difficoltà che si possono presentare nella realizzazione di un progetto fotografico in Giappone: tanto la comprensione dello spazio, inquadrato, sempre già composto, quanto dell'individuo, il cui movimento, il modo di esistere al mondo sembra inaccessibile all'europeo. E infatti di fronte alla cultura giapponese bisogna mantenersi ad una giusta distanza. È ciò che sembra suggerire Marco Zanta nel suo titolo che rinvia a "la circolazione dell'aria, di cui i fiori, le foglie, i rami non sono che le pareti, i corridoi, i labirinti[4]", quasi cercando di produrre un libro d'arte sull'*Ikebana*.

Parafrasando nuovamente Barthes, mi viene da pensare: Marco Zanta non ha mai, in alcun modo, fotografato il Giappone. È piuttosto il contrario: il Giappone l'ha messo in una situazione fotografica.

3.. *Op. cit*, p. 51.

4. *Op. cit*, p. 52/53.

sometimes live in his pictures, Marco Zanta does not create what is commonly called portraits, nor does he show bodies. He more accurately grasps the presence of what I might call spectres. And even more here, where the figure of the Other appears only from afar, and inaccessible. This enables him to reach the same conclusion as the English photographer Paul Graham who, in Empty Heaven *(Scalo, 1995), had taken close-up profiles of Japanese men: his aim was to highlight how difficult it is for Europeans to establish a correct distance with the Other in Japan. I often think about that Japanese student who looked forward to her return home, because she was unable to stand the exchange of eye contact in public places in Paris.*

"Every object, every gesture, even the most free, the most mobile, seems framed[3]". From this other statement by Barthes, we can understand how many difficulties are entangled in the realization of a photographic project in Japan. Not only is it difficult for the framed comprehension of space, an already ever-composed space, but for the individual whose movement and existence in the world seem inaccessible to Europeans. Therefore it is necessary to keep a certain distance when dealing with Japanese culture. Marco Zanta seems to be suggesting this with the title of his book, which reminds of "the circulation of air, of which flowers, leaves, branches are only the walls, the corridors, the baffles[4]", as if trying to create an art book on Ikebana. *By paraphrasing Barthes once more, I would say: Marco Zanta has never, in any sense, photographed Japan. It is rather the contrary: Japan has afforded him a situation of photography.*

3.. Op. cit, *p. 43.*

4. Op. cit, *p. 44/45.*

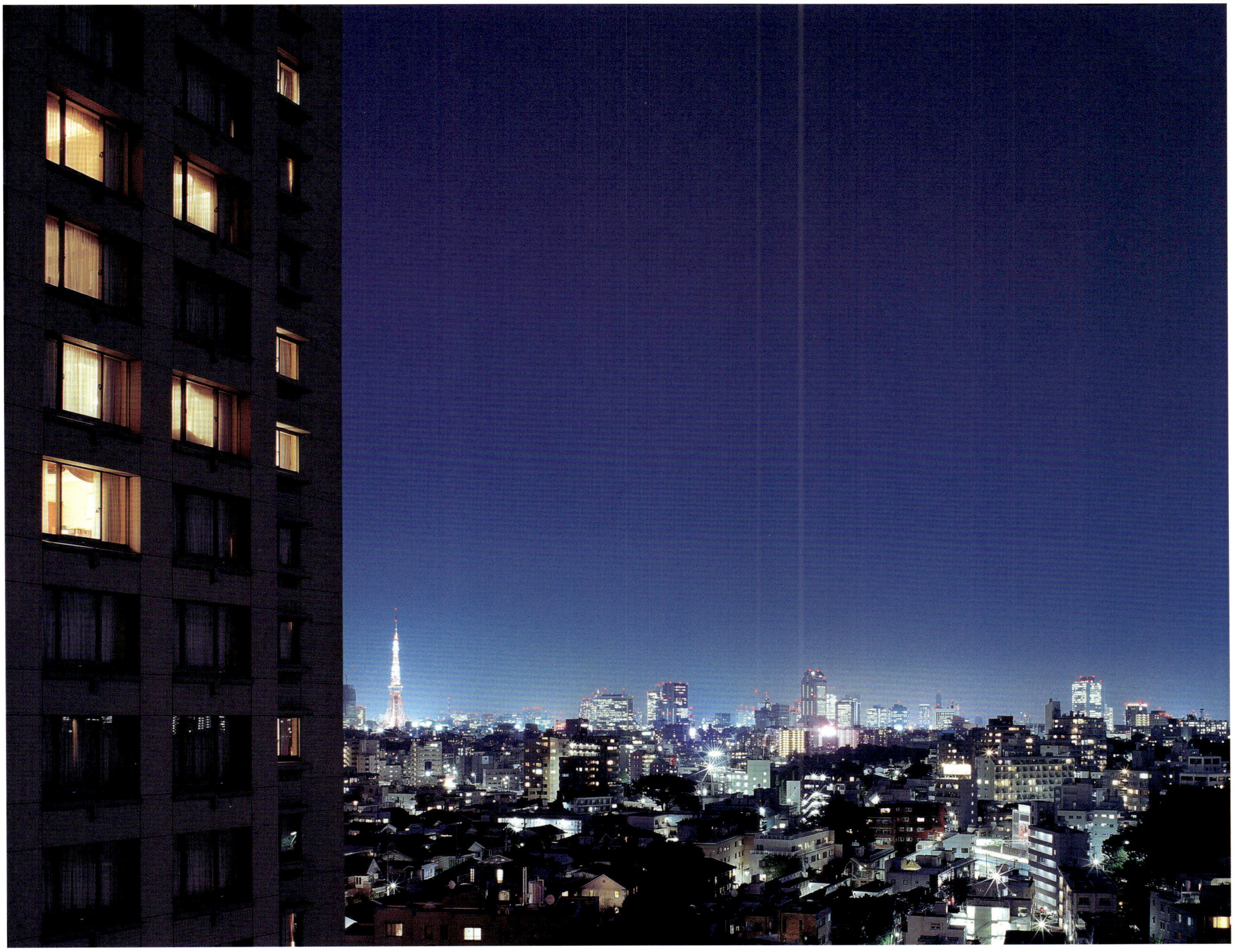

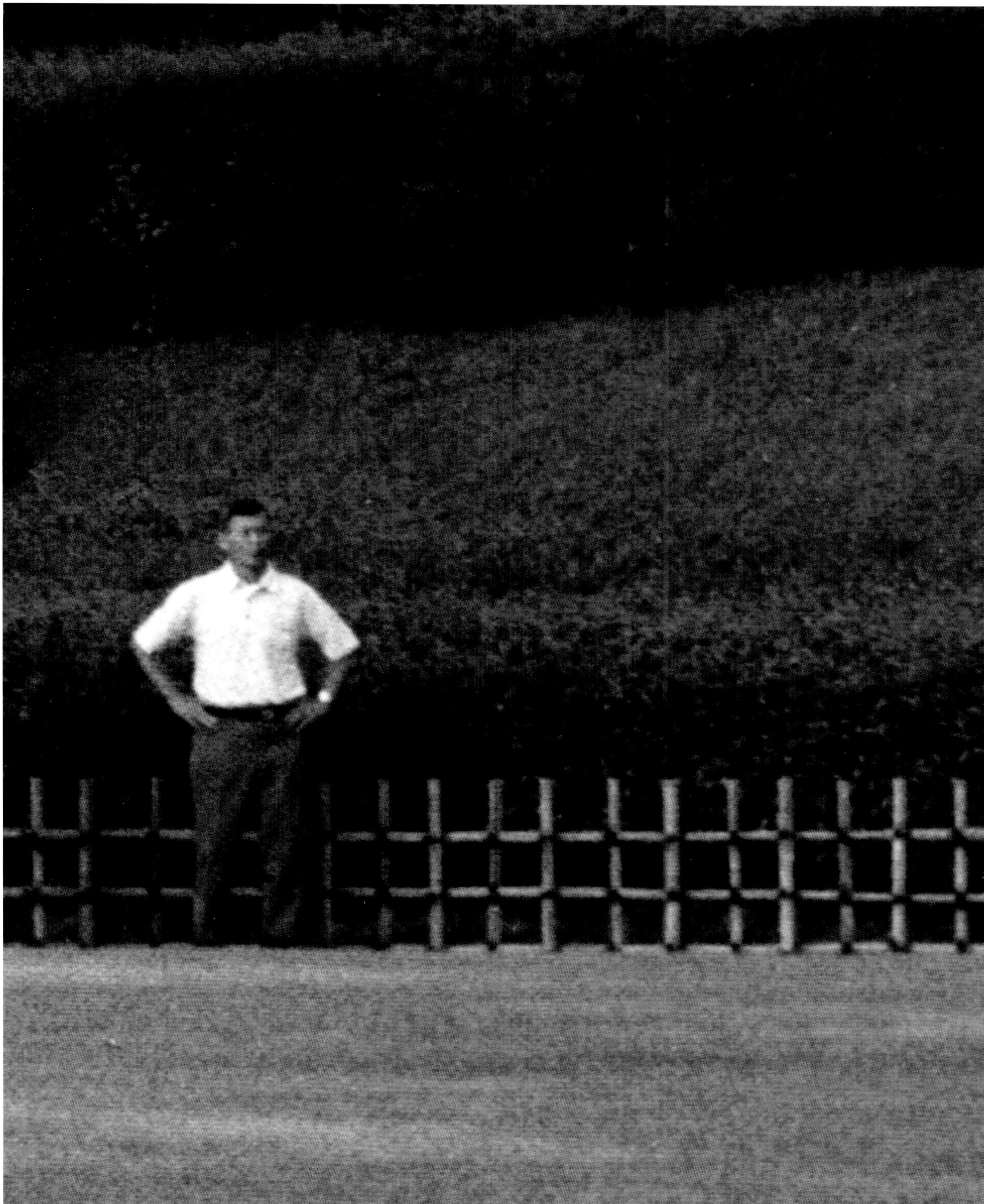

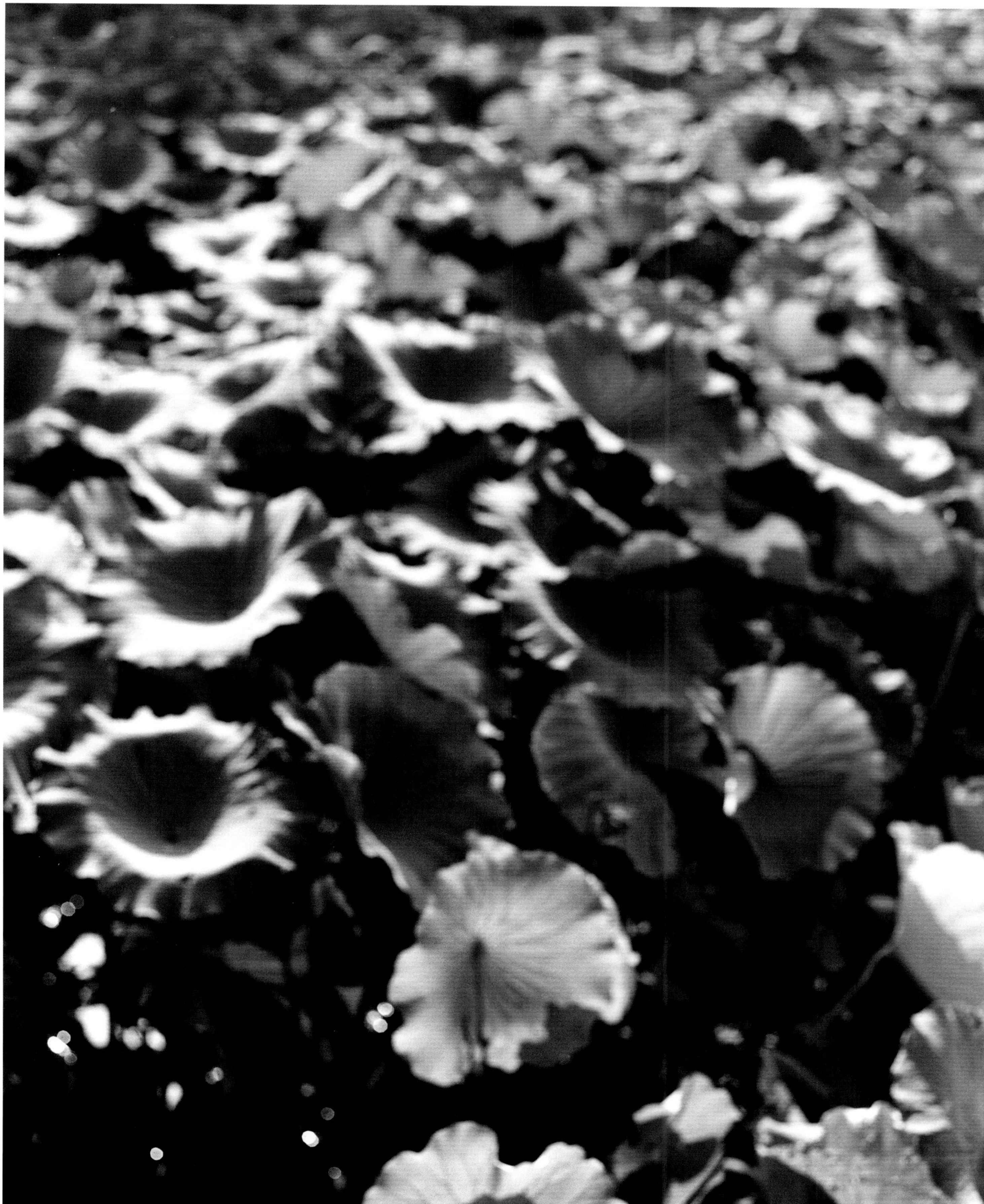

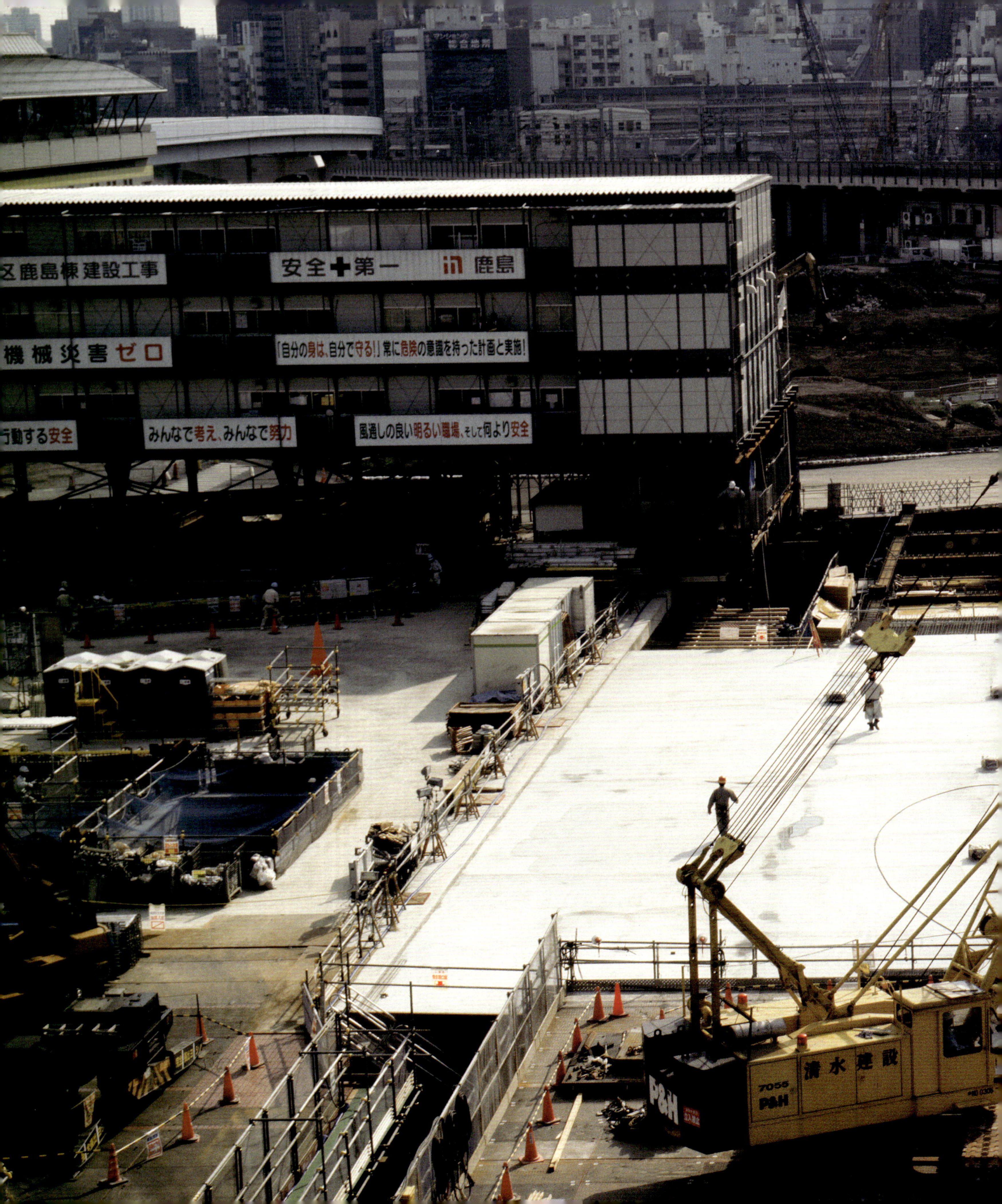

区鹿島棟建設工事
安全✚第一
鹿島
機械災害ゼロ
「自分の身は、自分で守る!」常に危険の意識を持った計画と実施!
行動する安全
みんなで考え、みんなで努力
風通しの良い明るい職場、そして何より安全
清水建設
7055
P&H

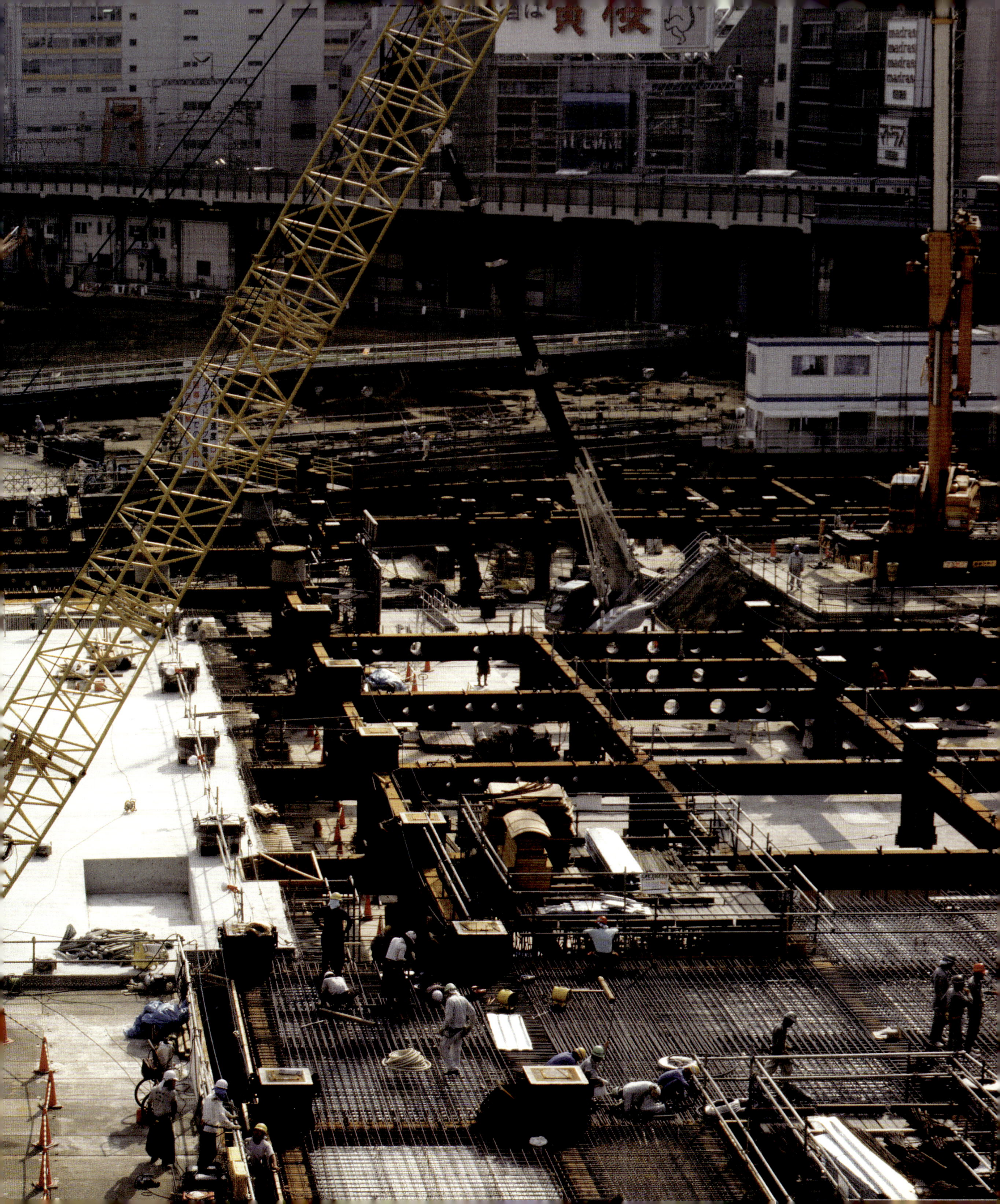
madras
madras
madras
madras

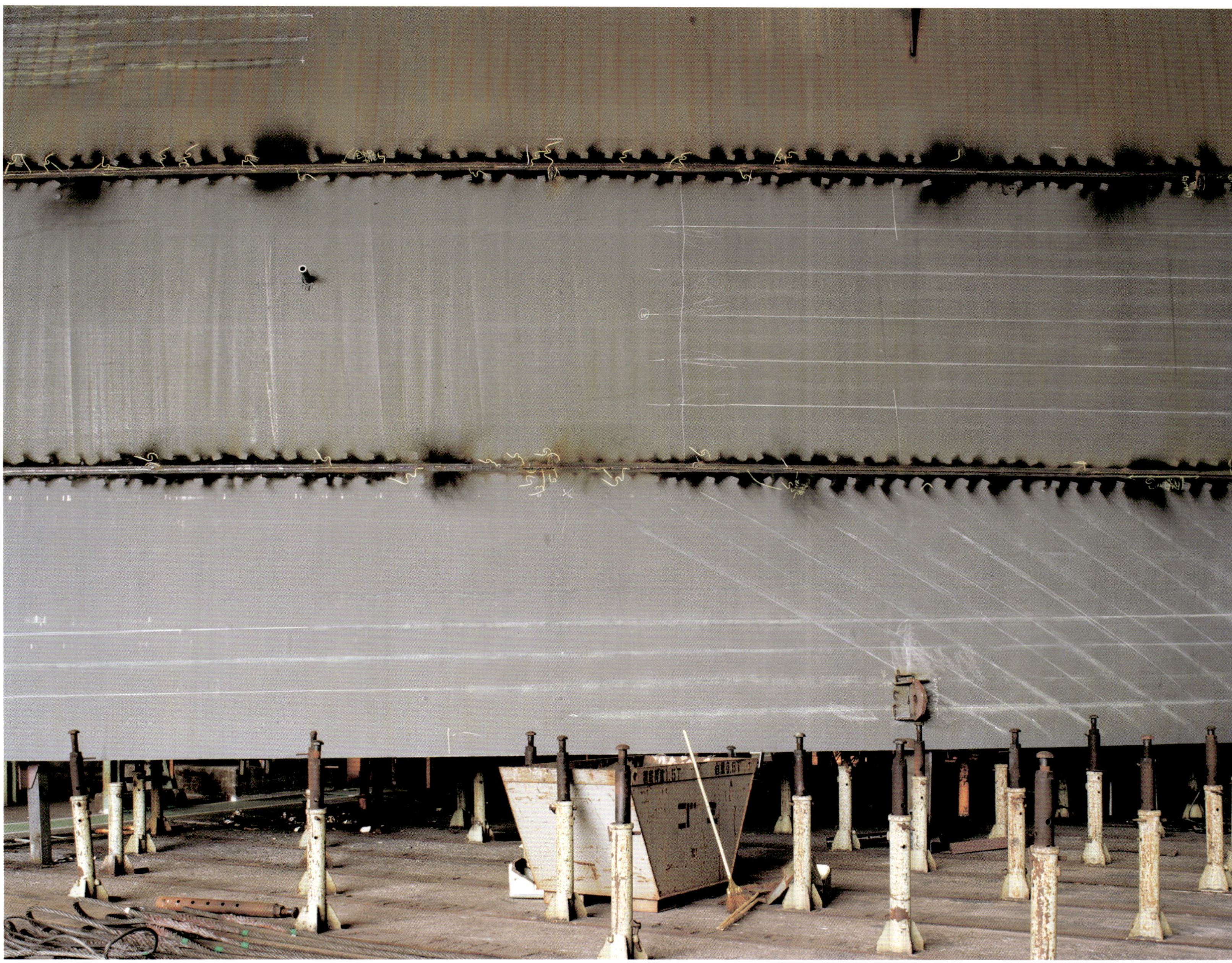

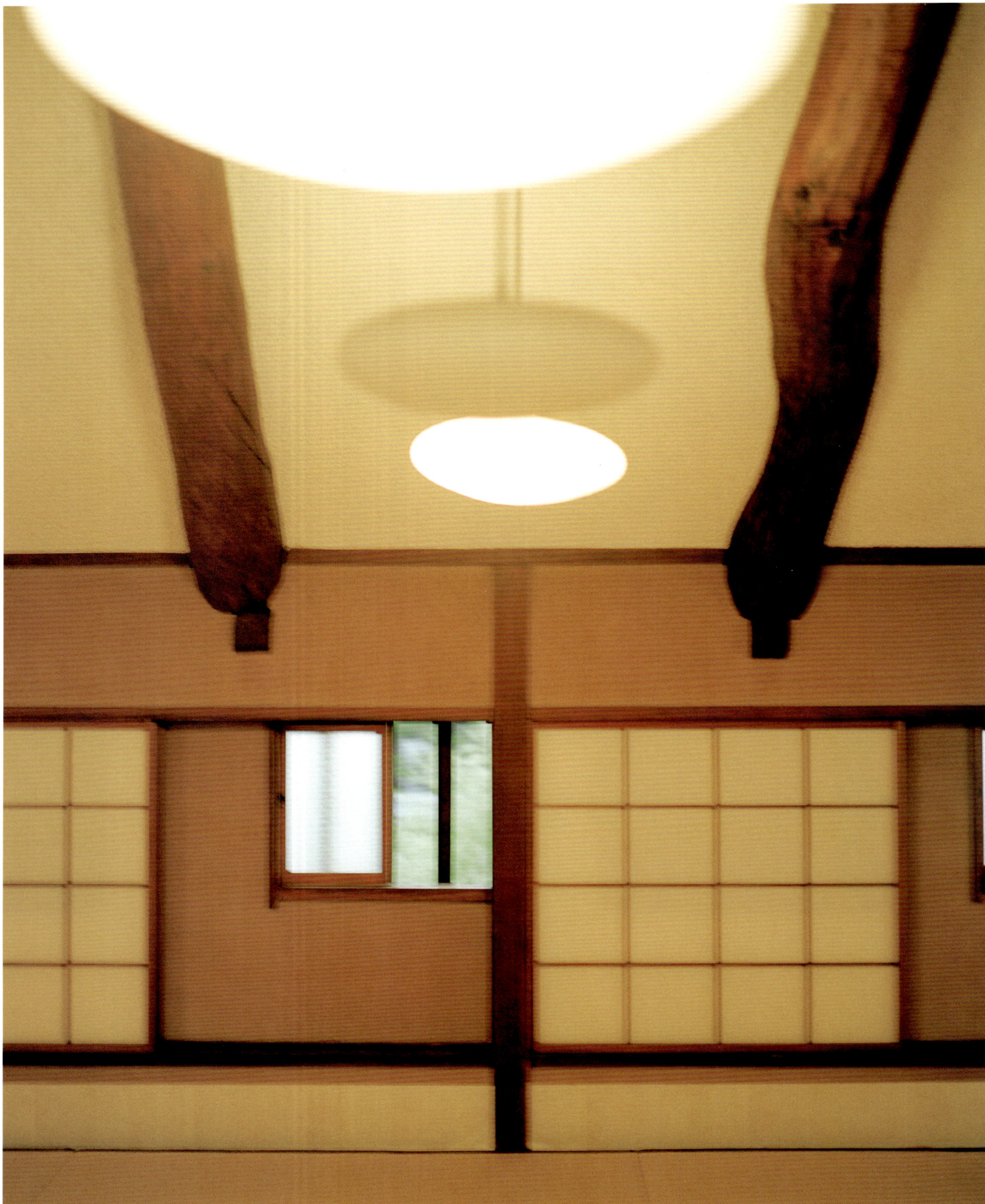

書片碑以表于世豈非可恨乎者曰然將建碑來請文余雖
之功業也固勃其返隱處得之叢東數十步溪山幽絕之地
五百石其孫為嘉永四年二月五日銘曰
瀧洗四遠　社倉遺法　以救民窮　造拡牧馬　軍須充
輔我先公　池至今日　錢澤何空
從二位勲三等侯爵池田章政撰文
正五位　位日下部東作書

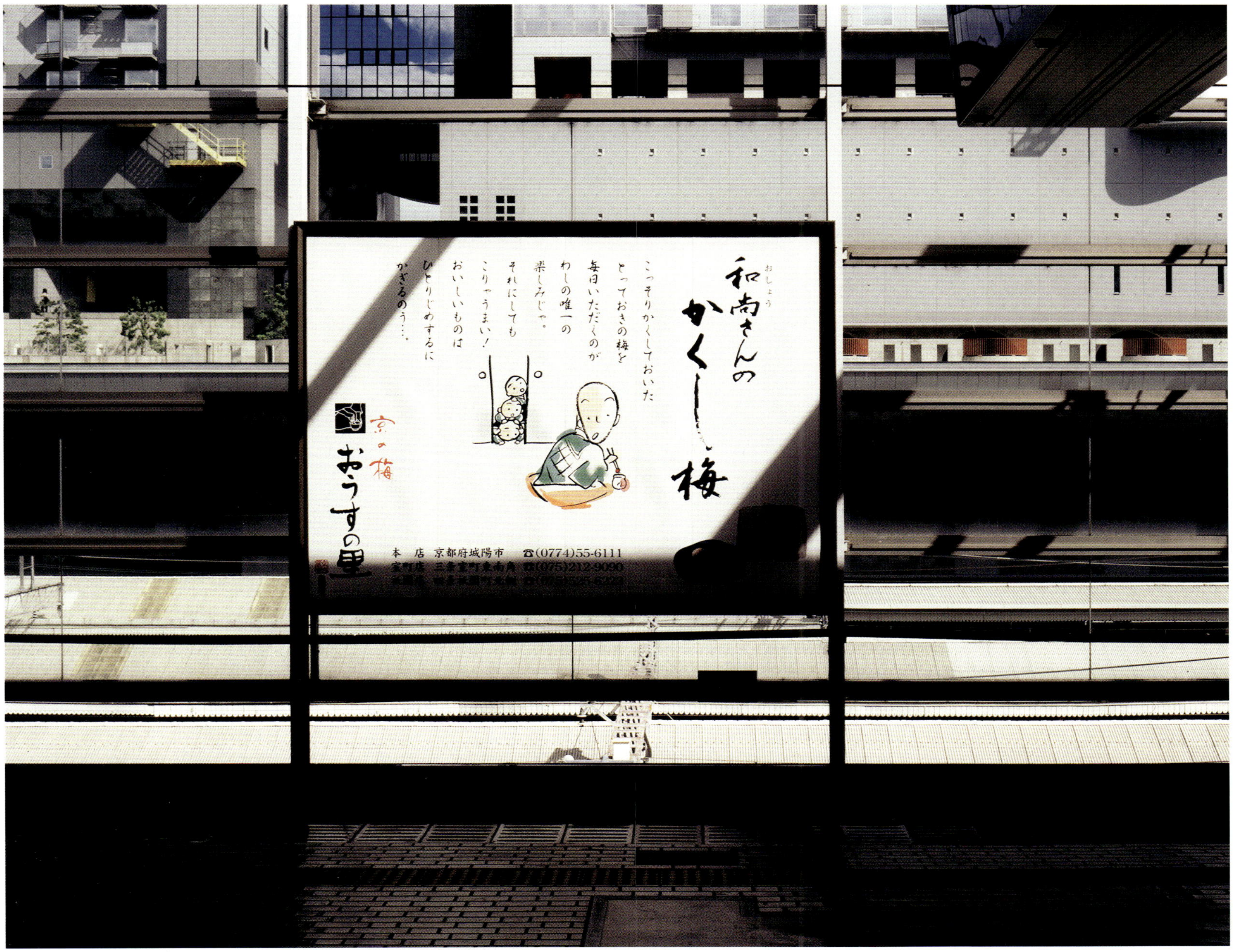
和尚さんのかくし梅
こっそりかくしておいた
とっておきの梅を
毎日いただくのが
わしの唯一の
楽しみじゃ。
それにしても
こりゃうまい！
おいしいものは
ひとりじめするに
かぎるのう…。
京の梅
おうすの里
本　店　京都府城陽市　☎(0774)55-6111
室町店　三条室町東南角　☎(075)212-9090

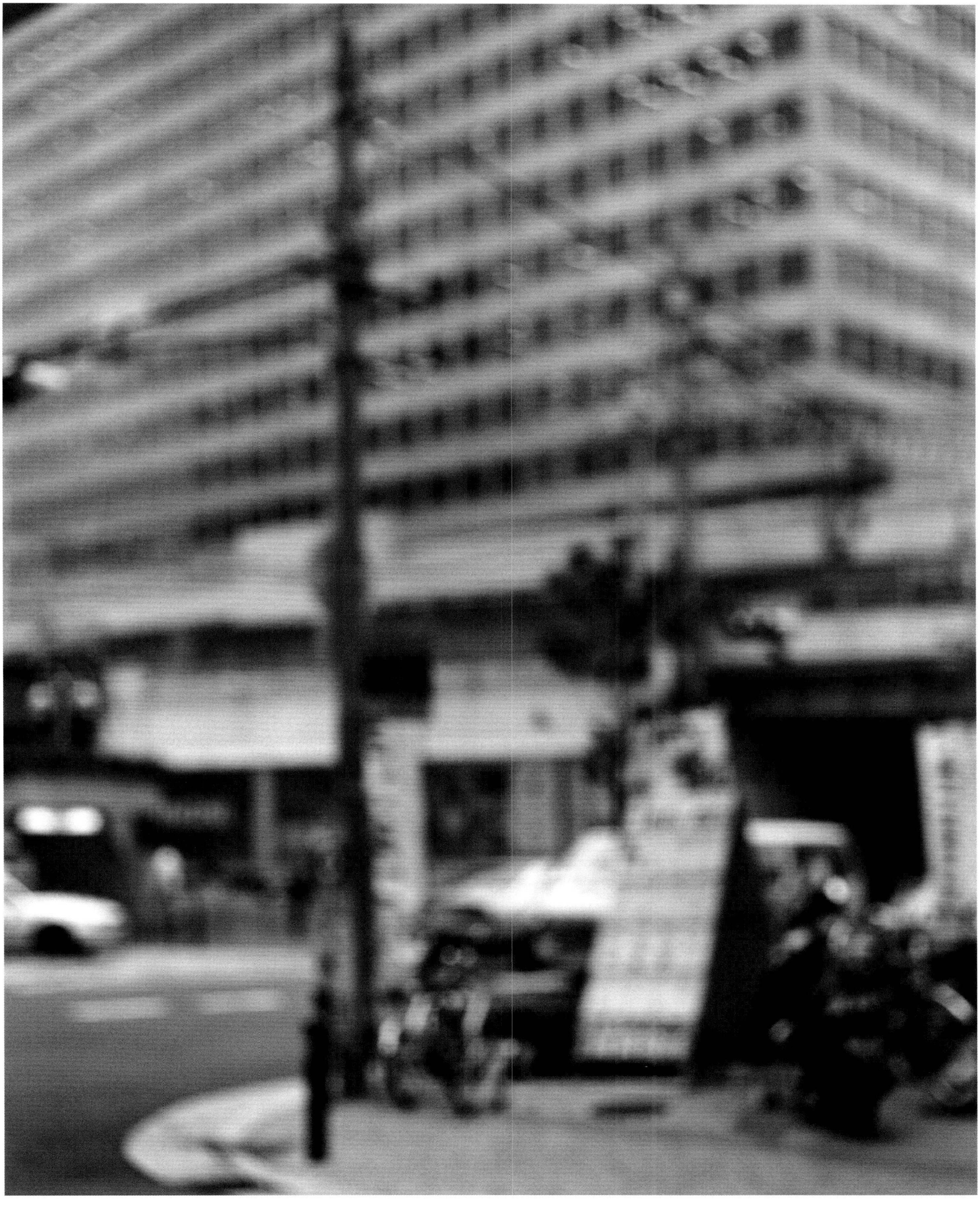

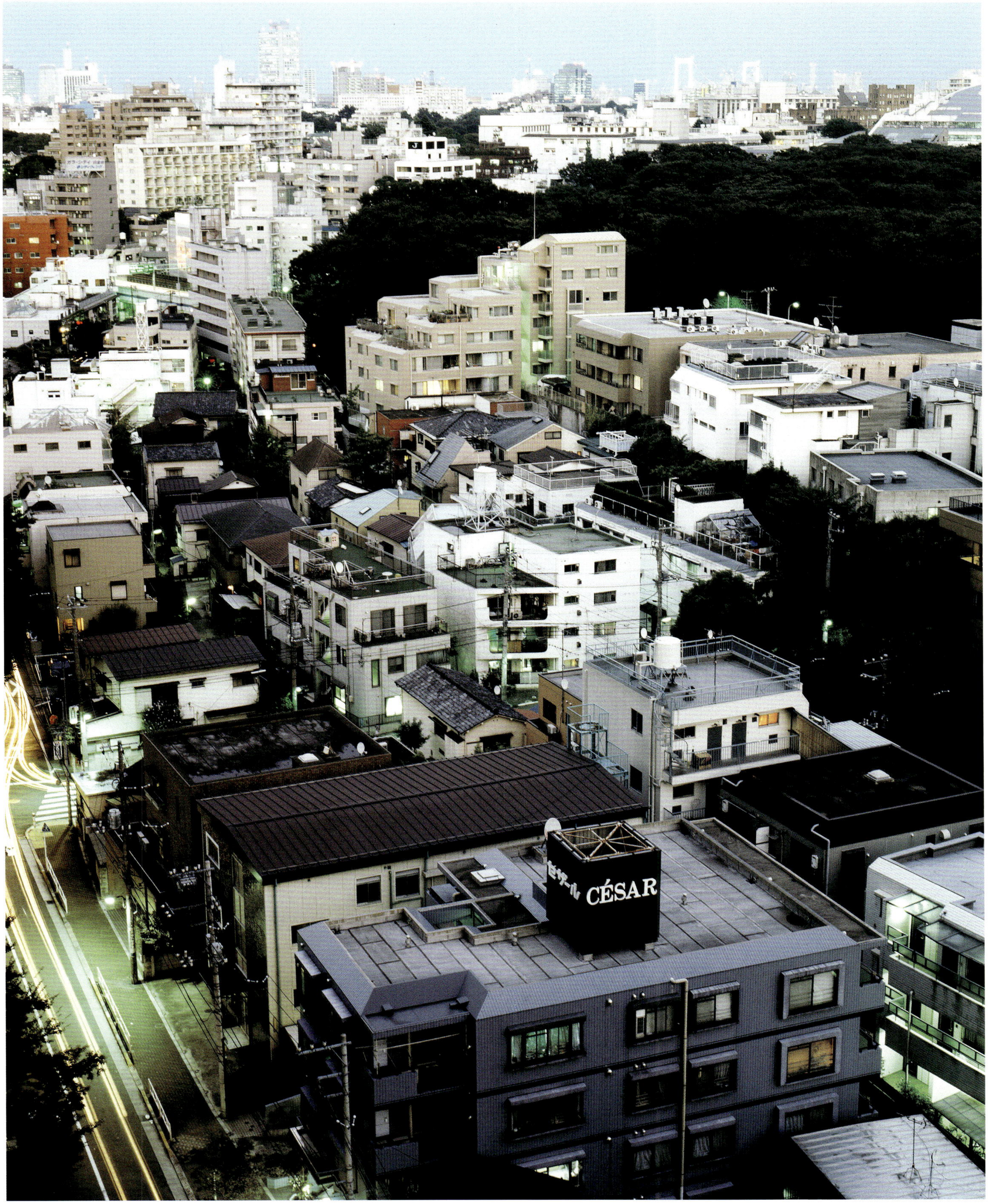
CÉSAR

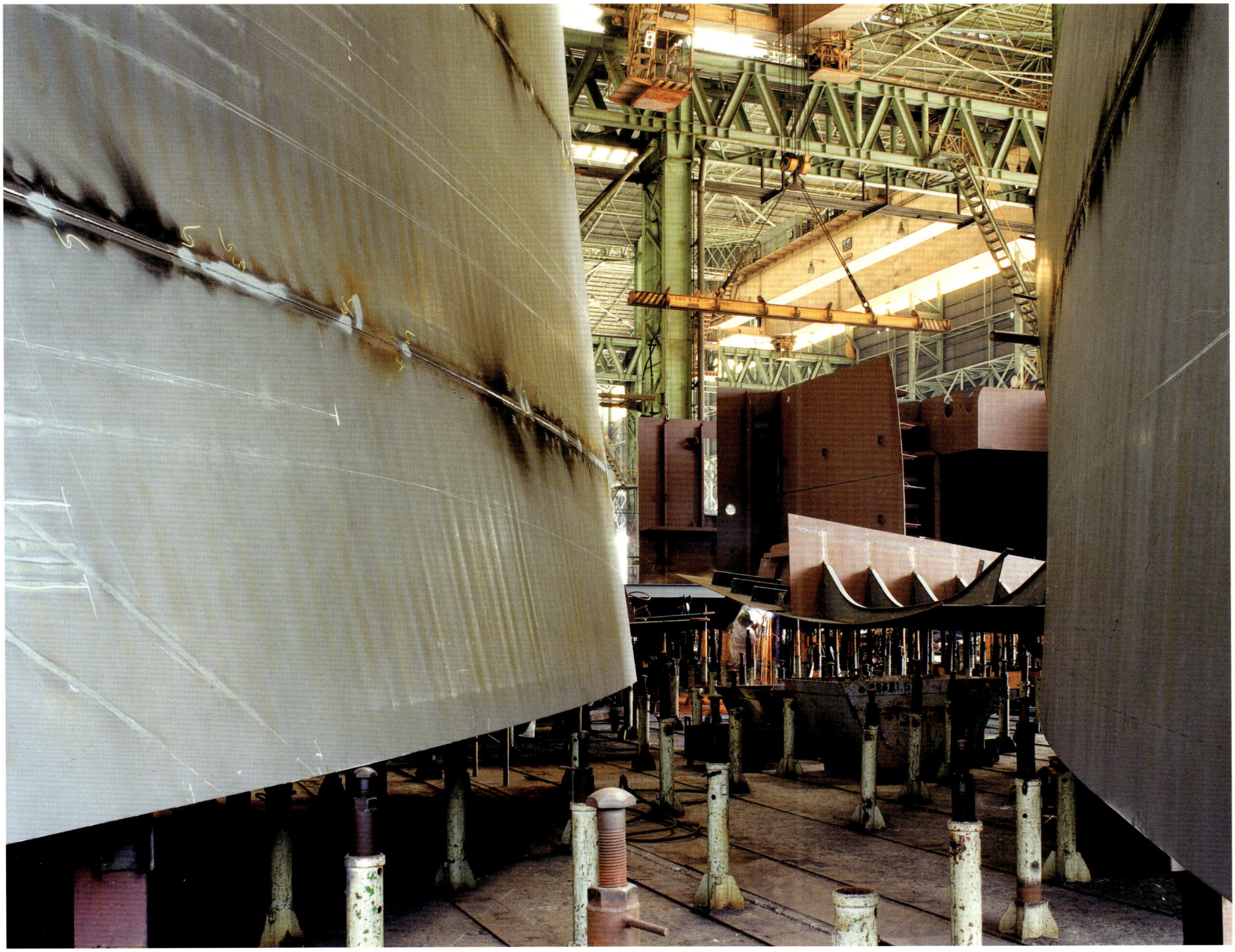

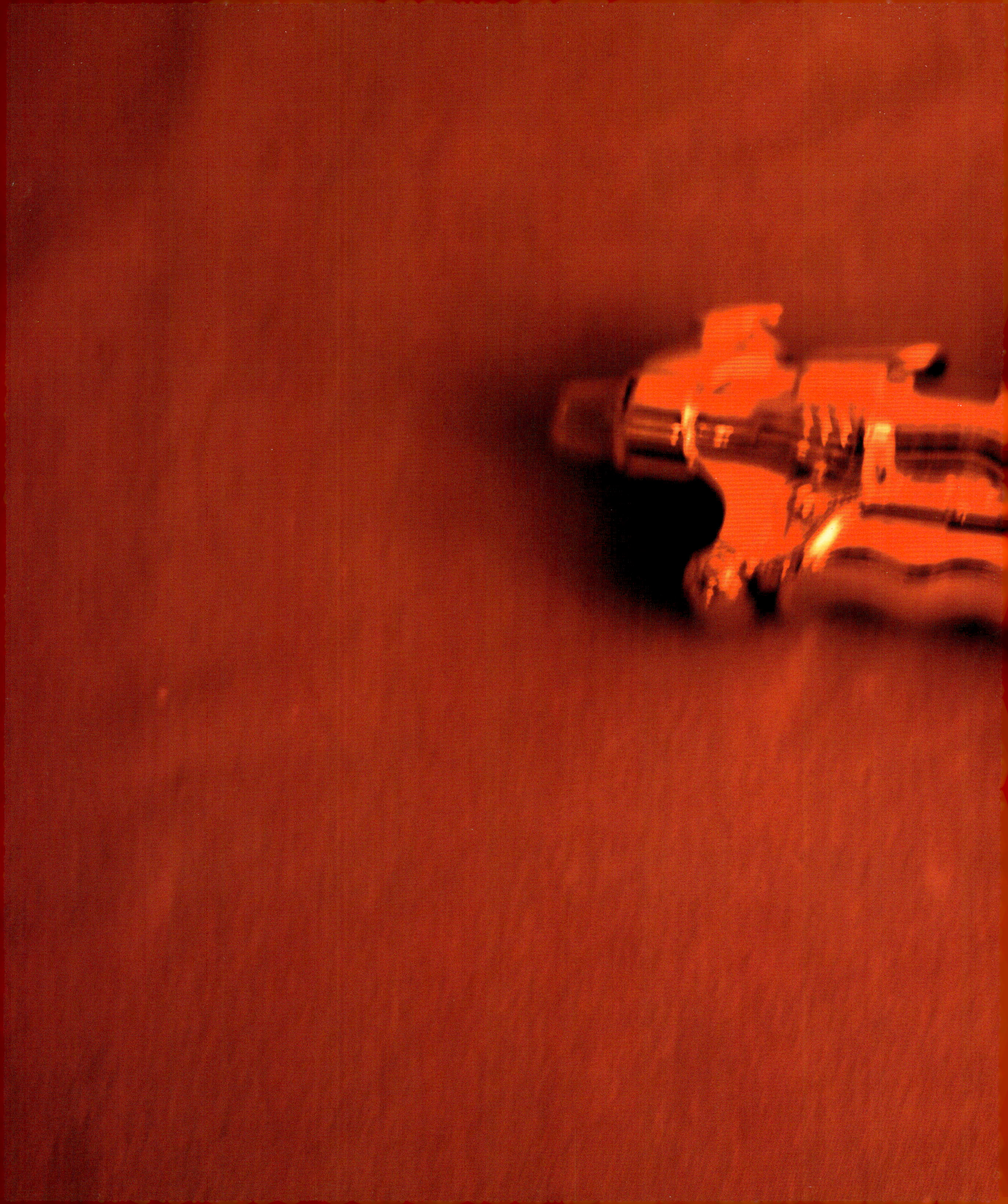

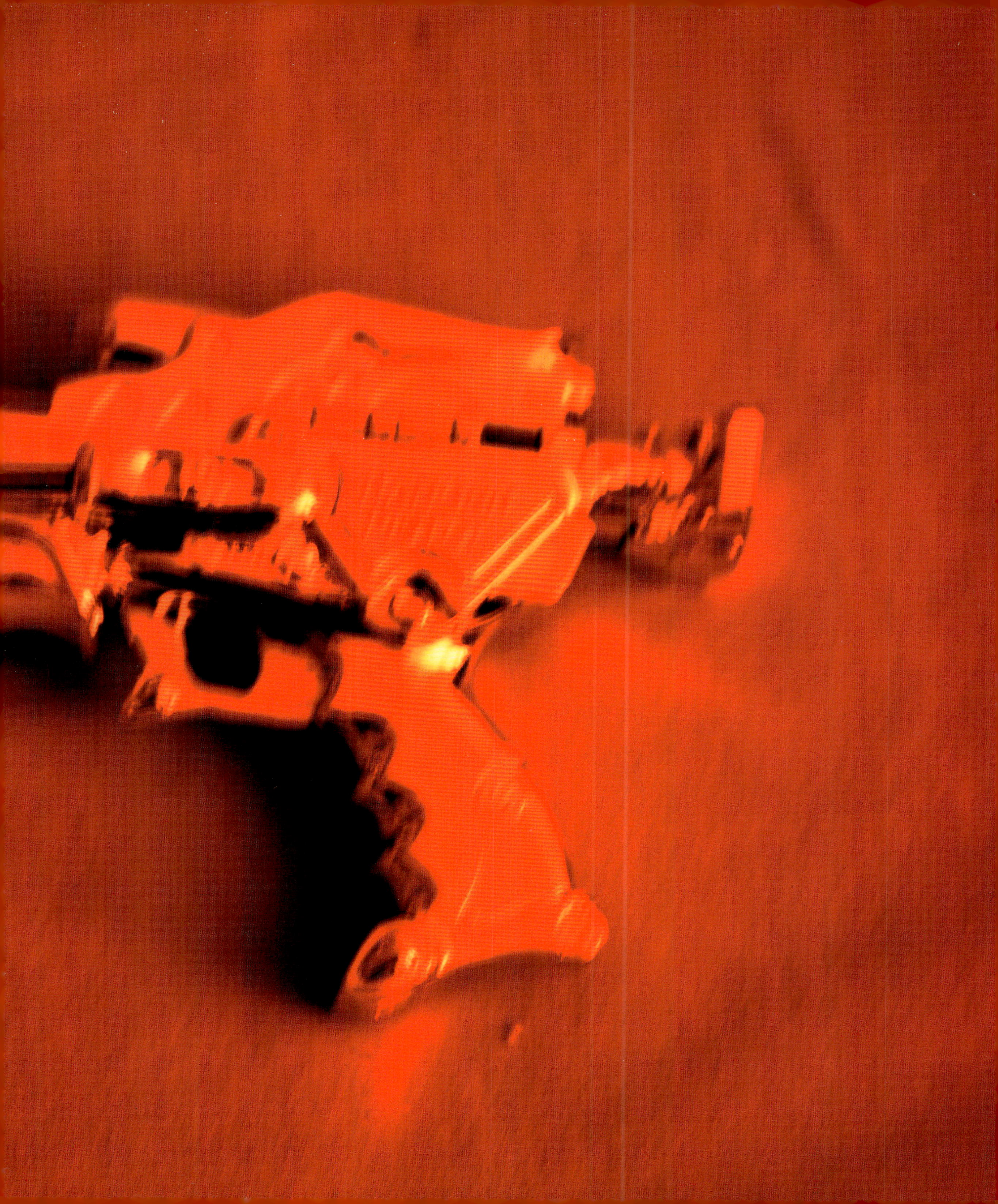

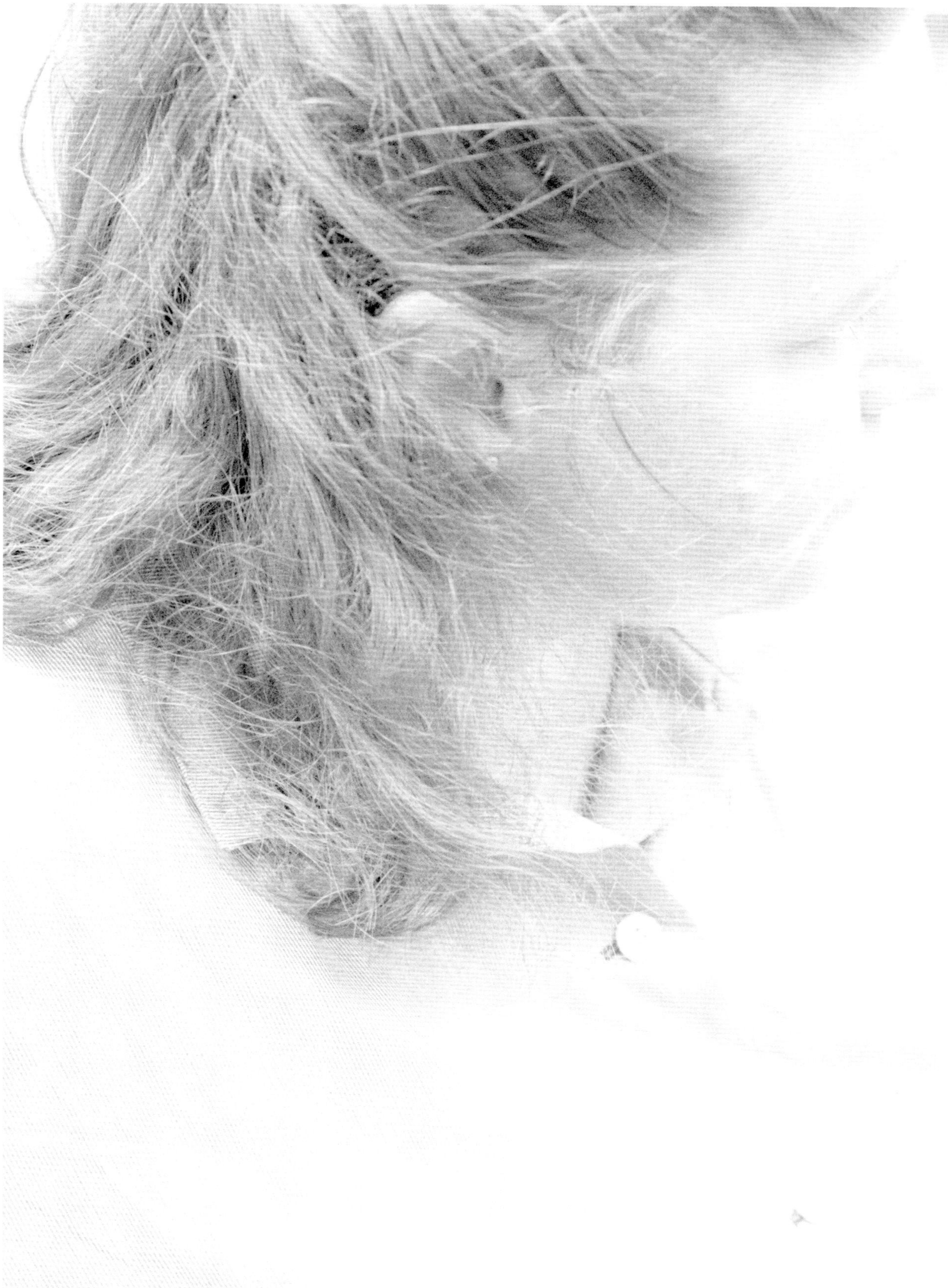

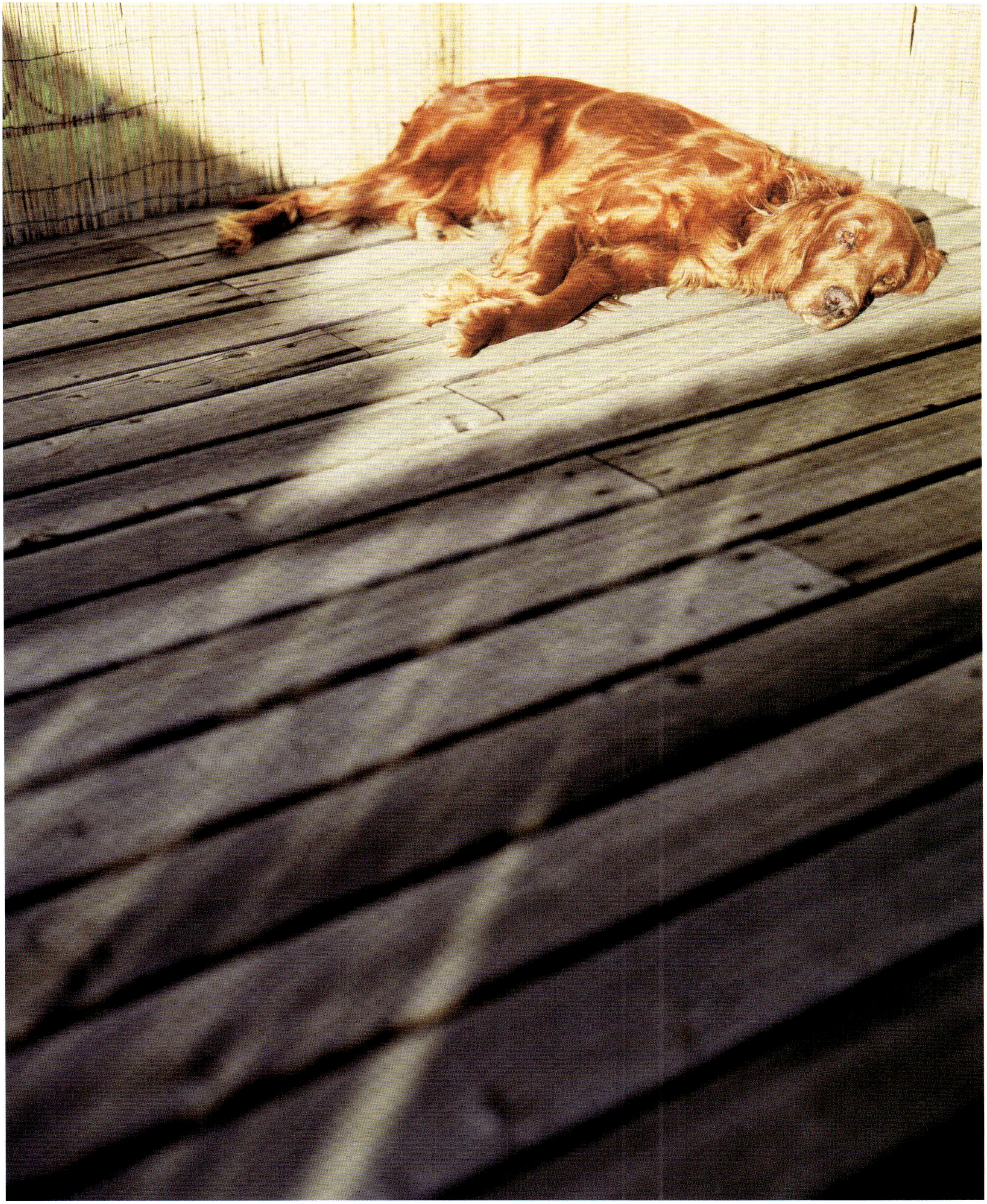

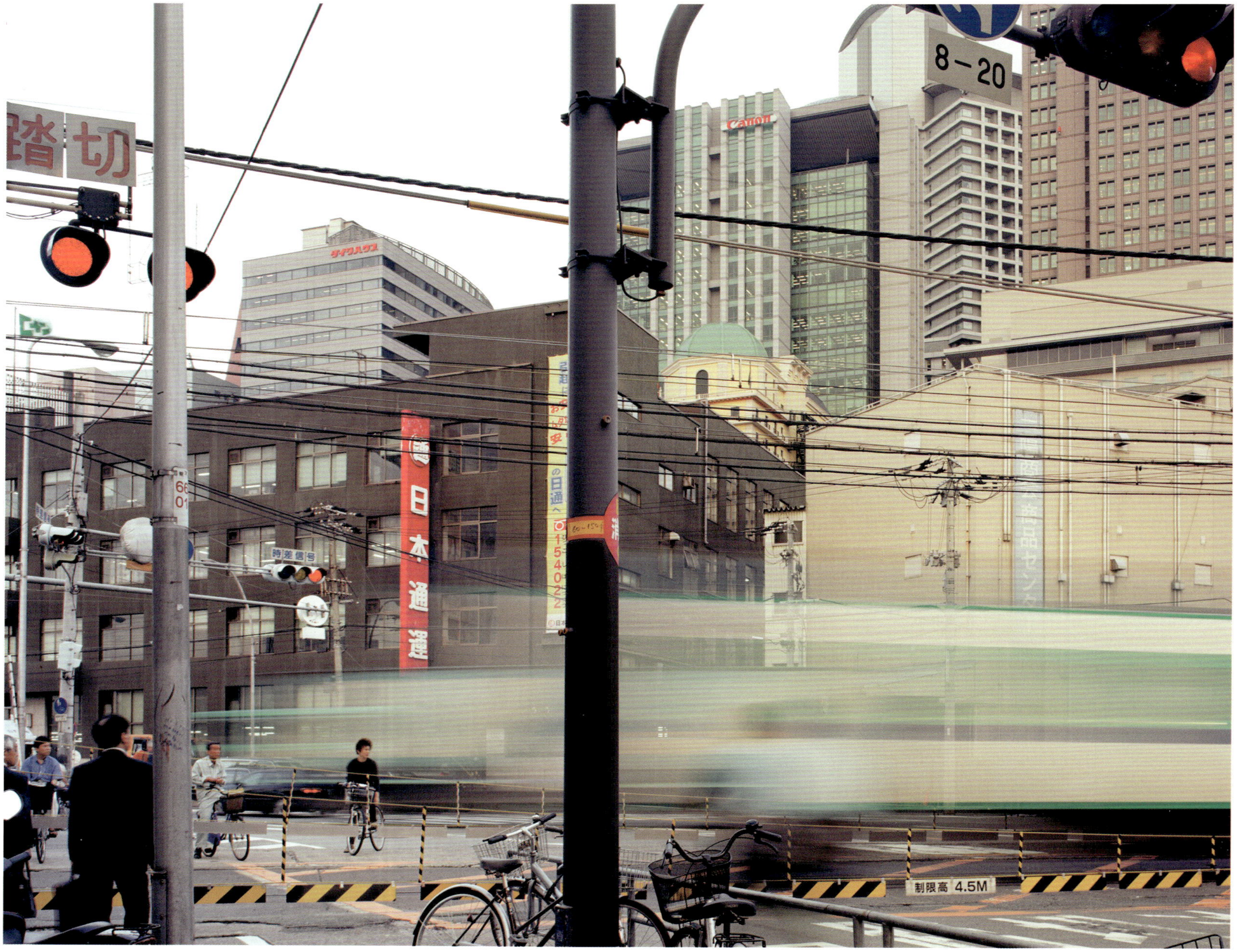
踏切
8－20
Canon
日本通運
時差信号
制限高 4.5M

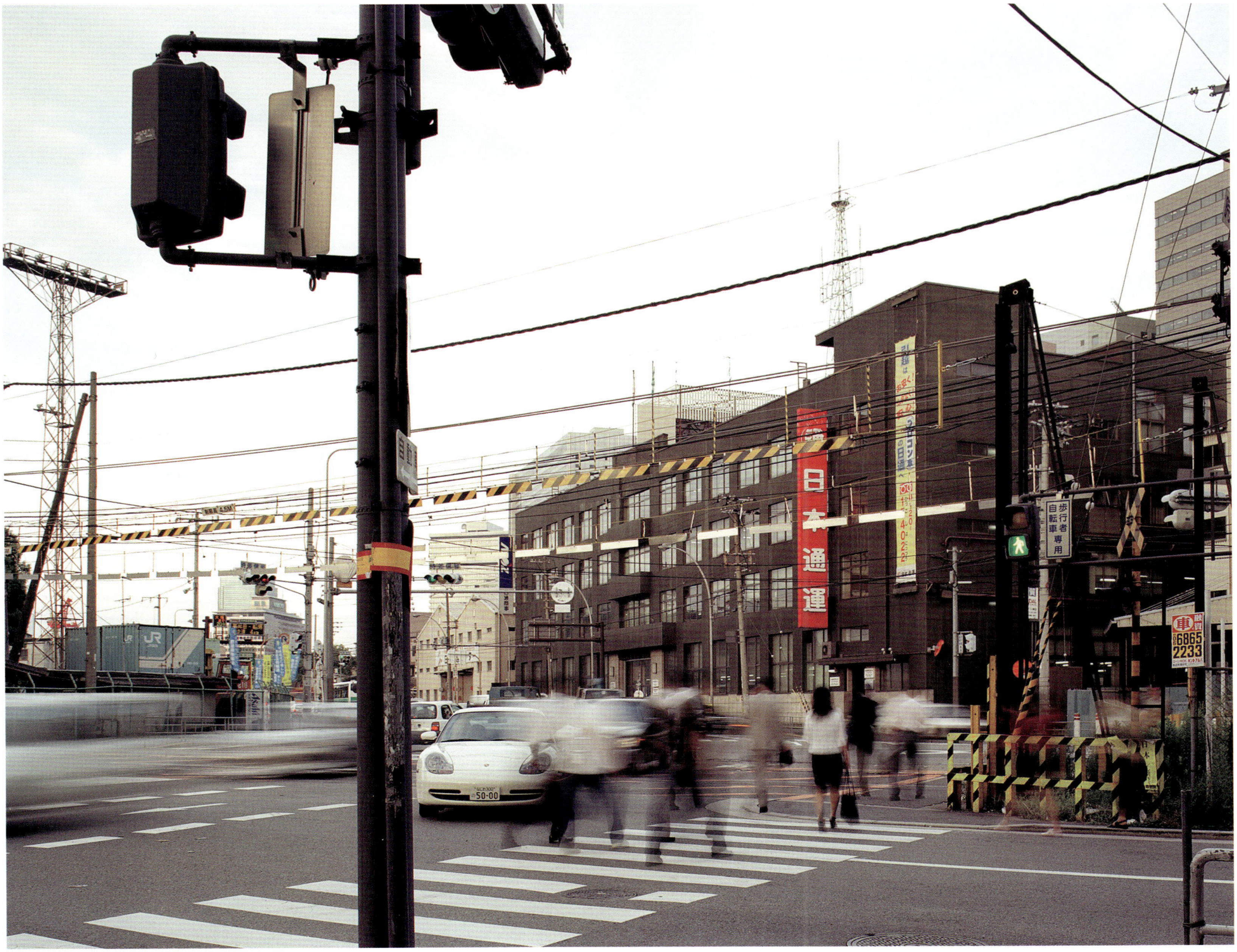
日本通運
6865
2233

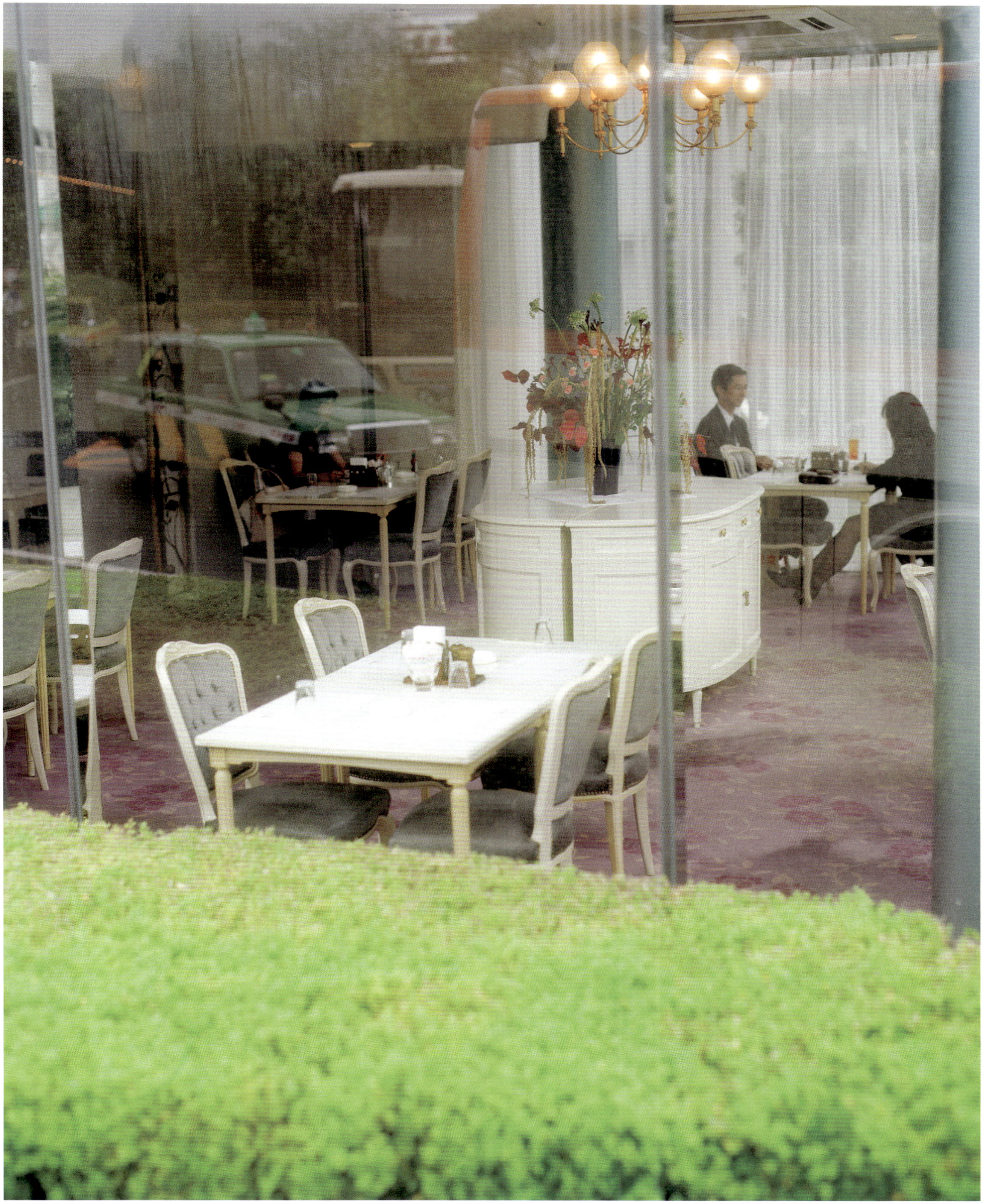

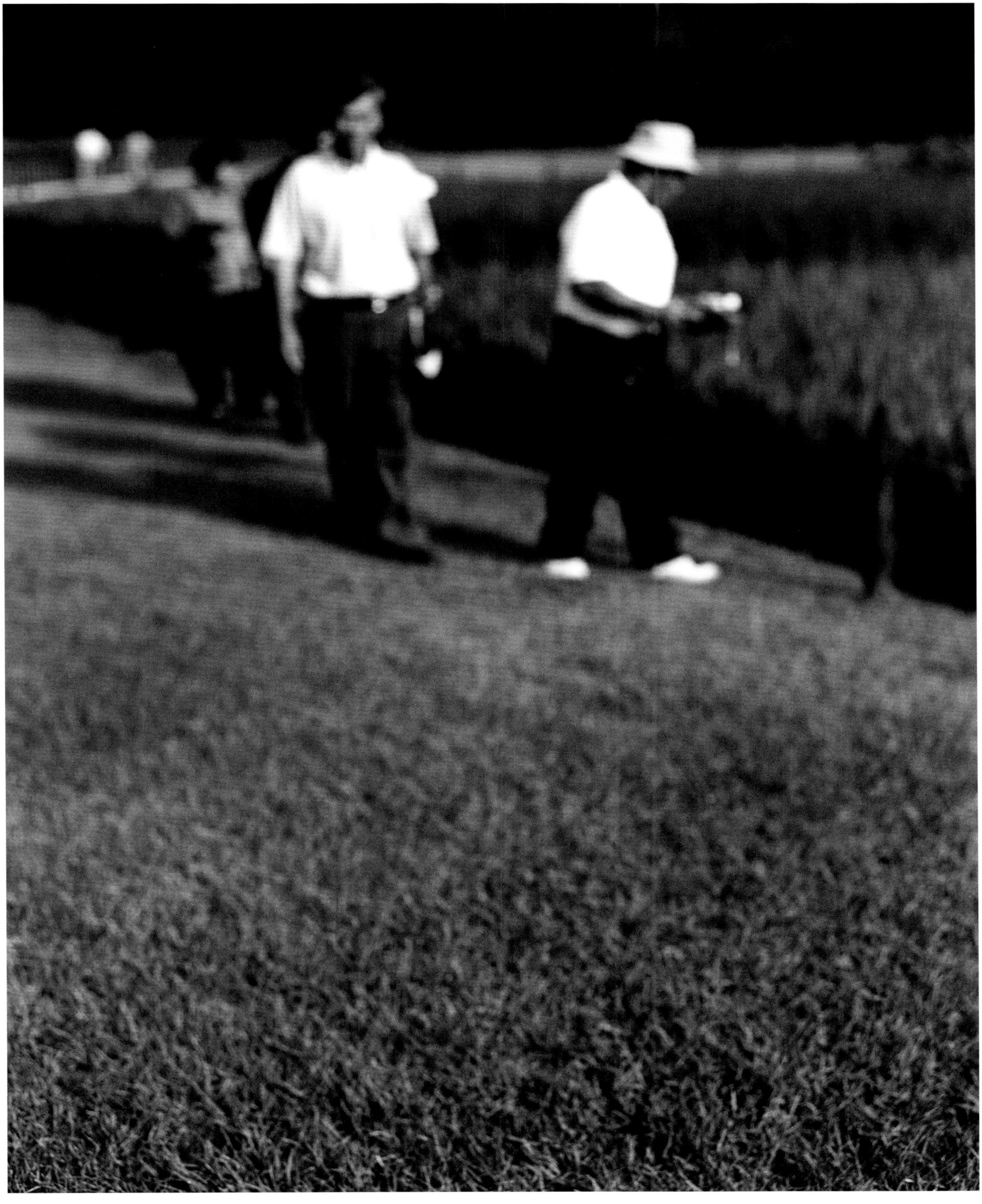

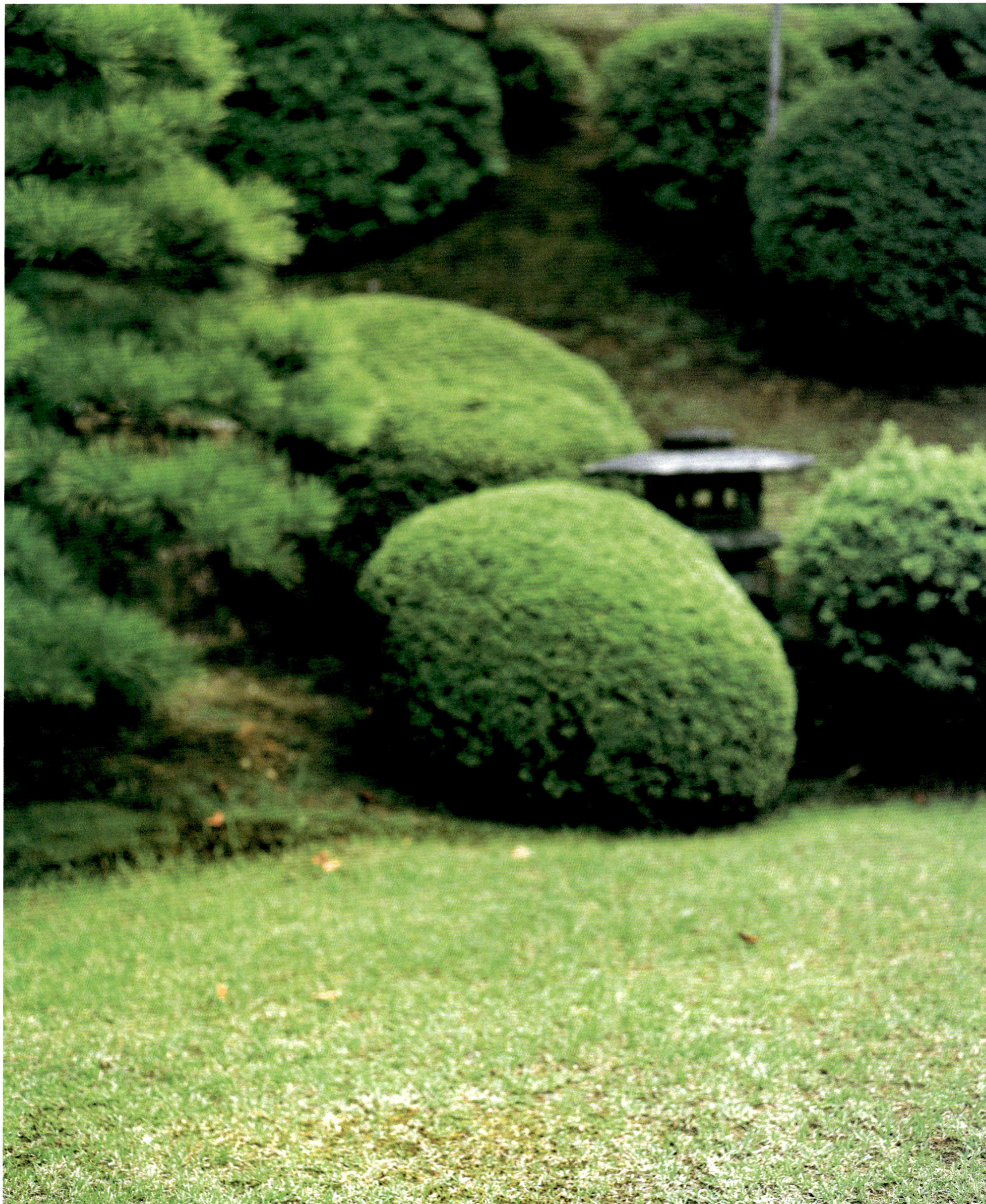

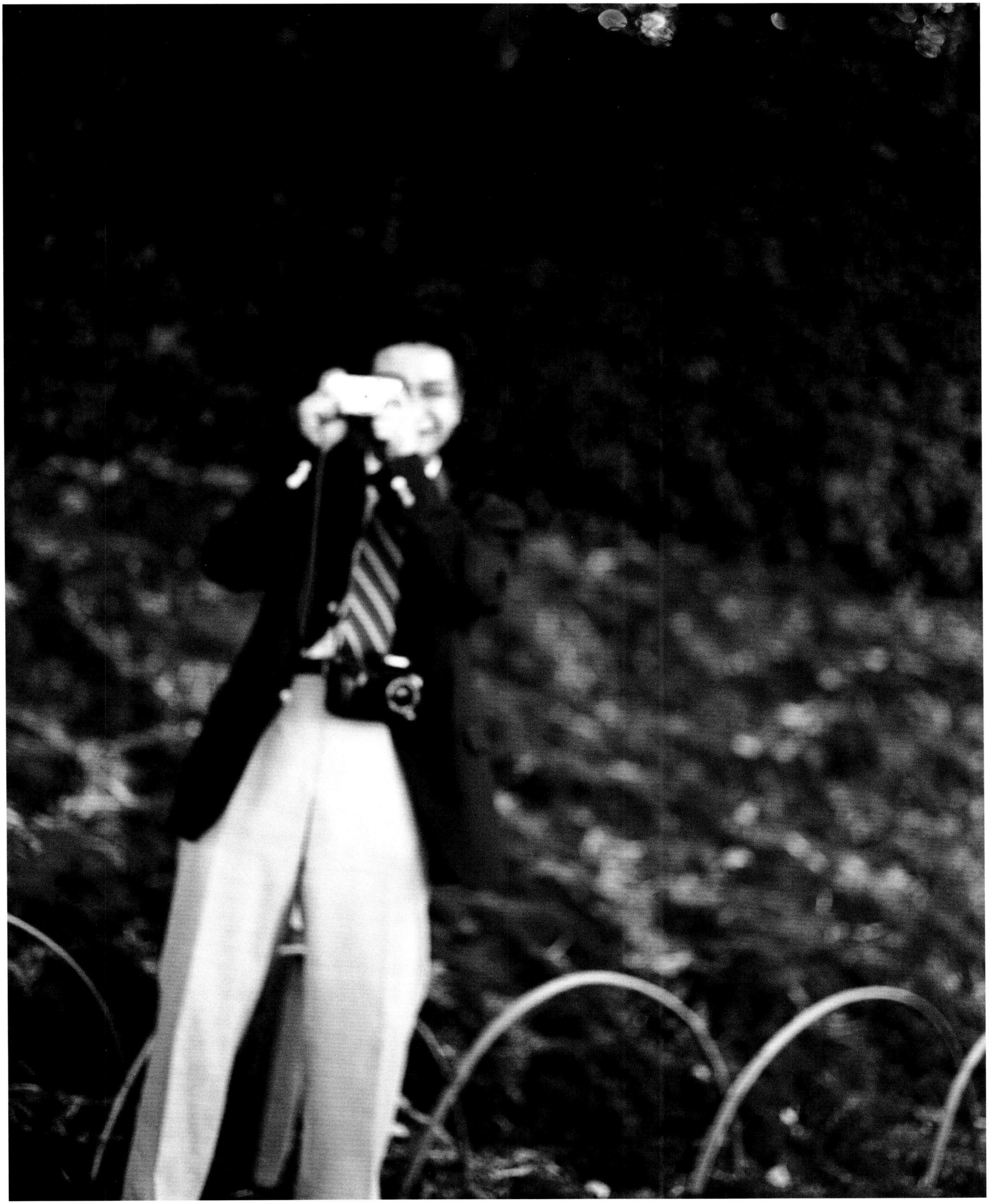

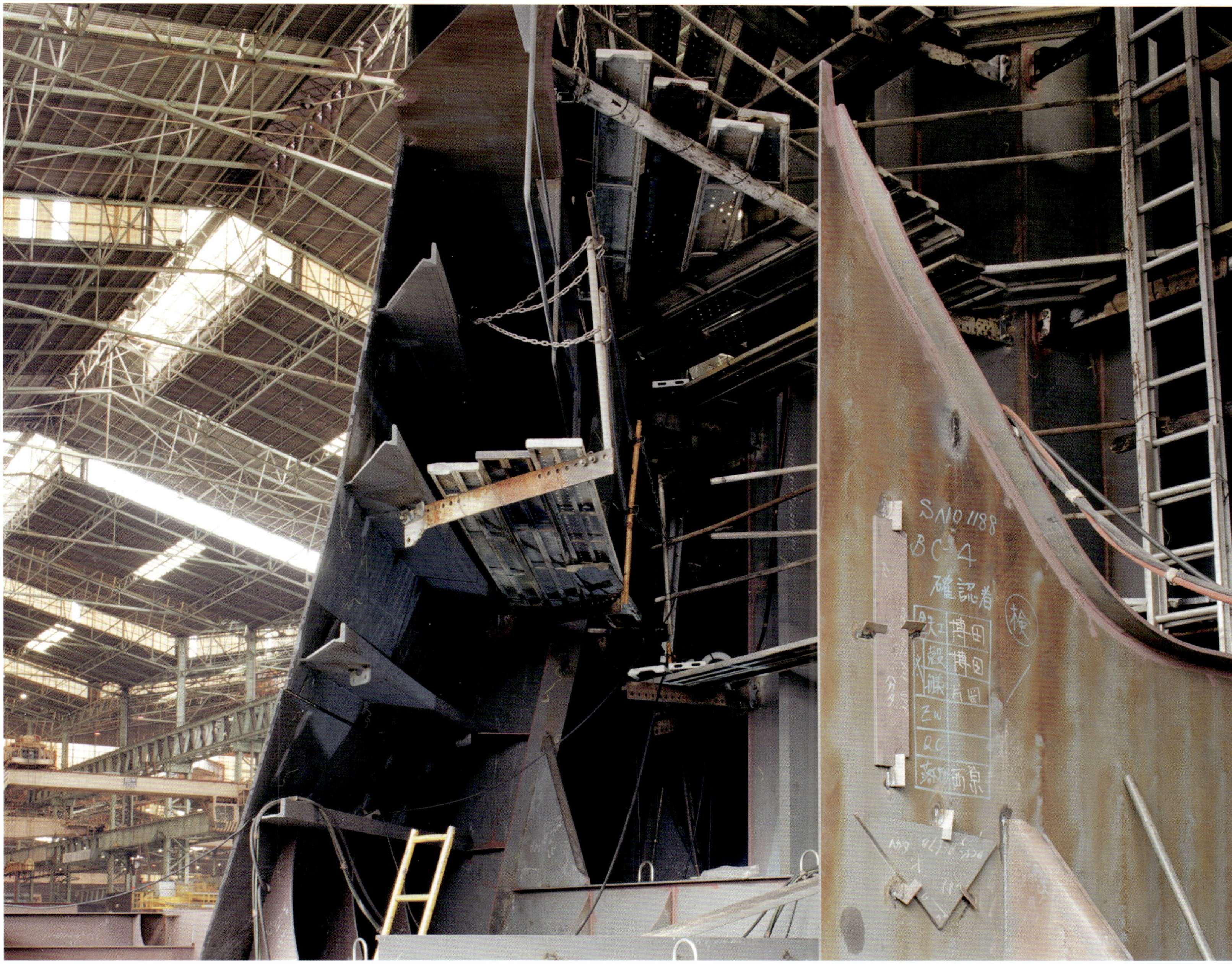
SNO 1188
BC-4
確認者

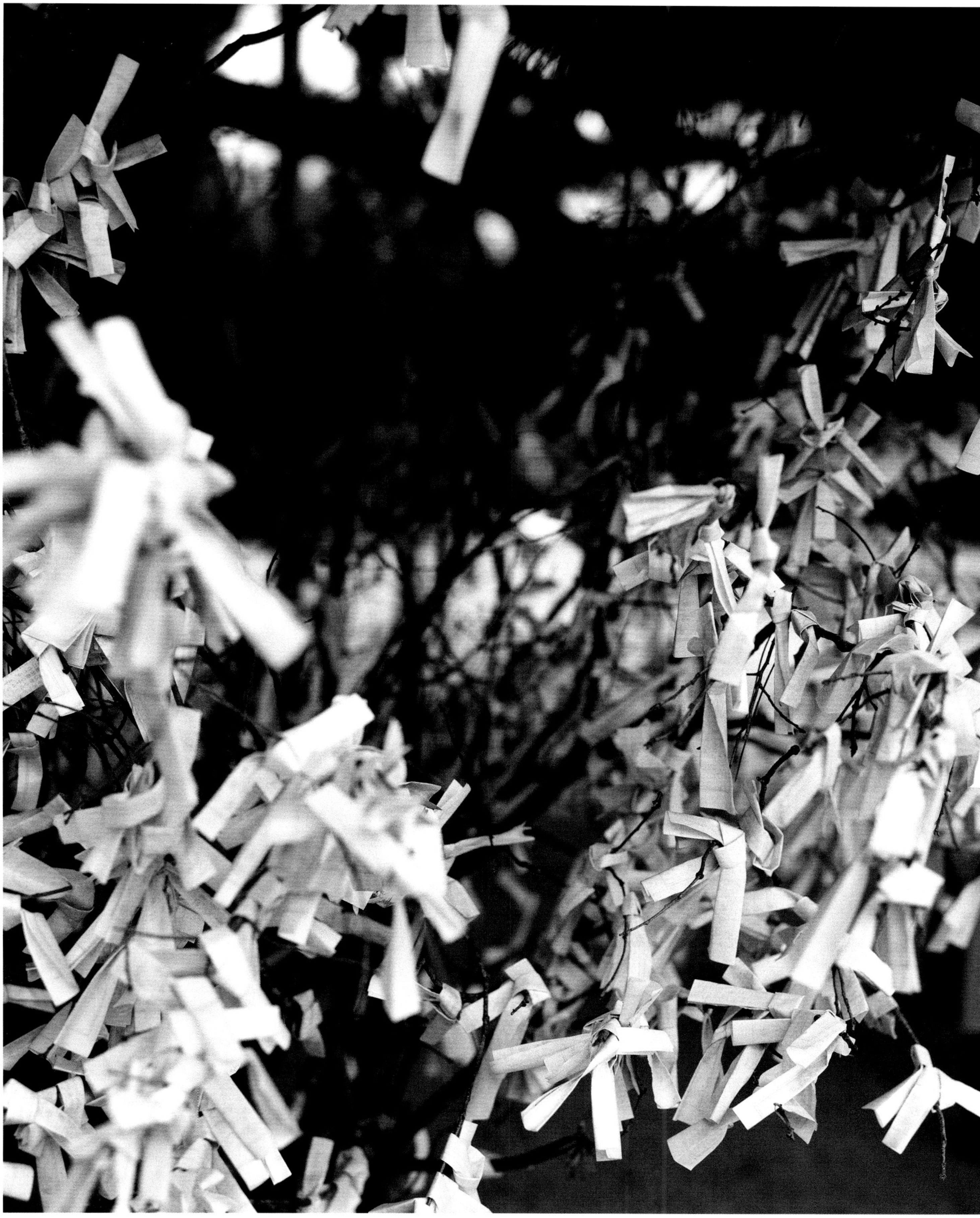

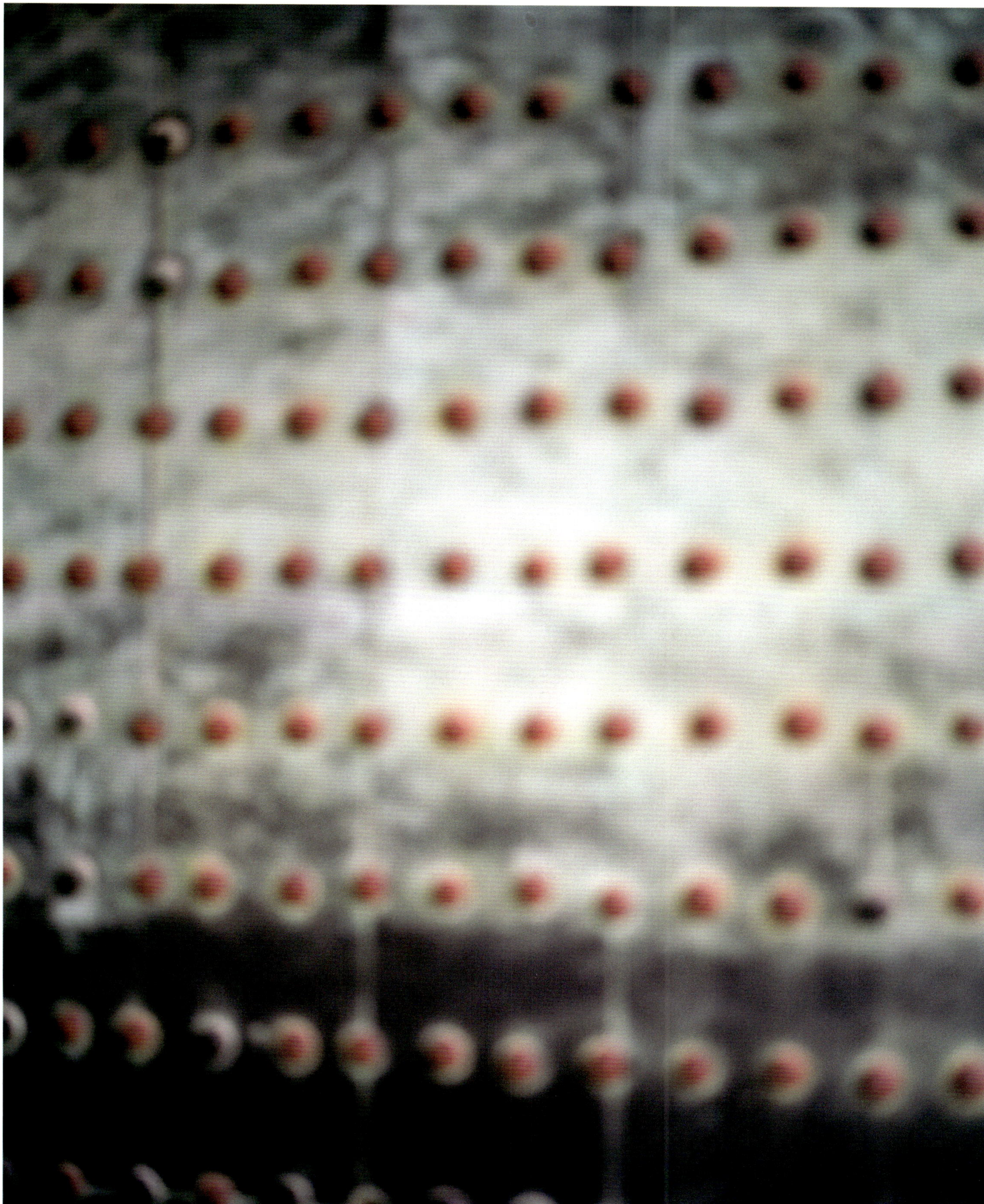

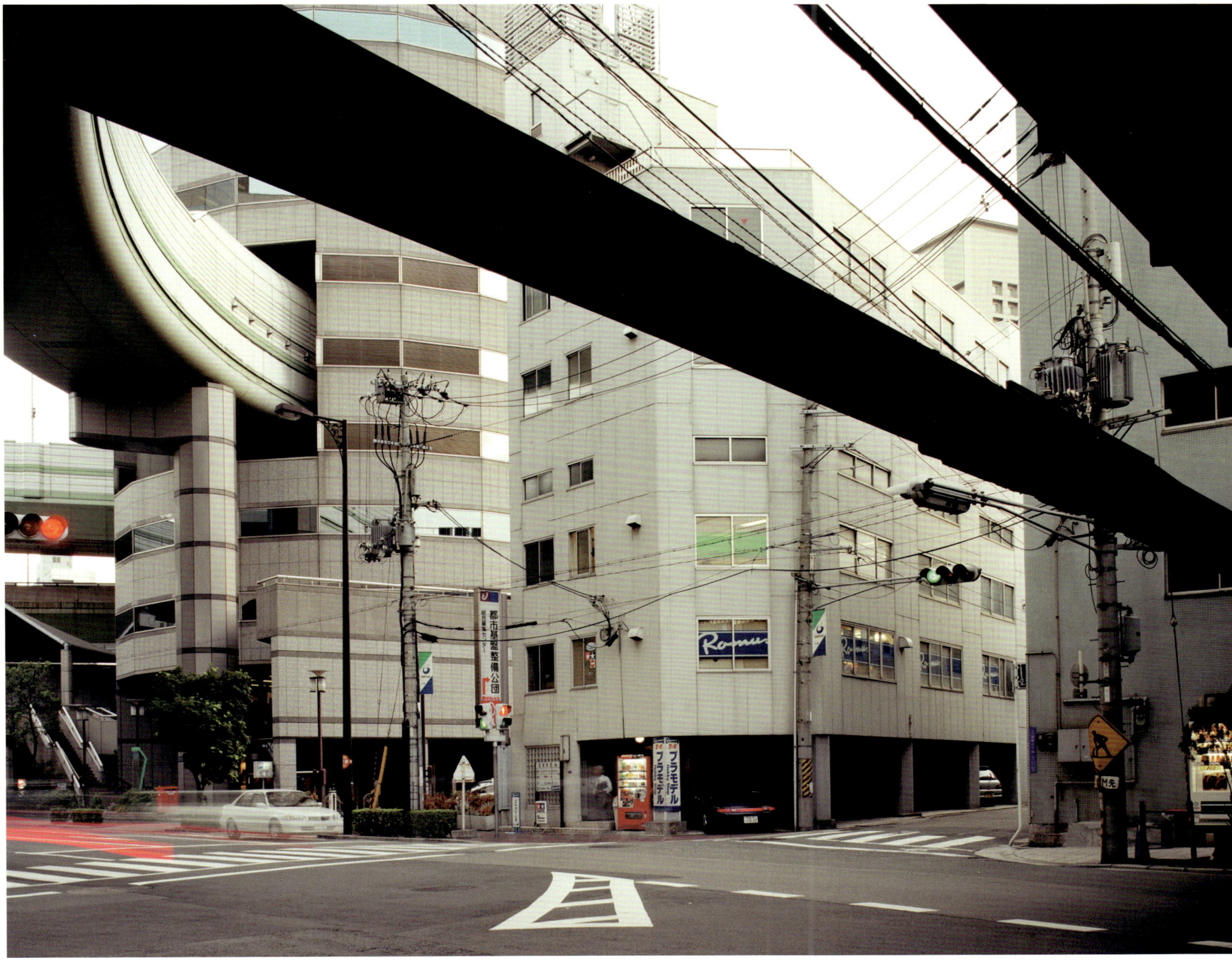
都市基盤整備公団
プラモデル
プラモデル

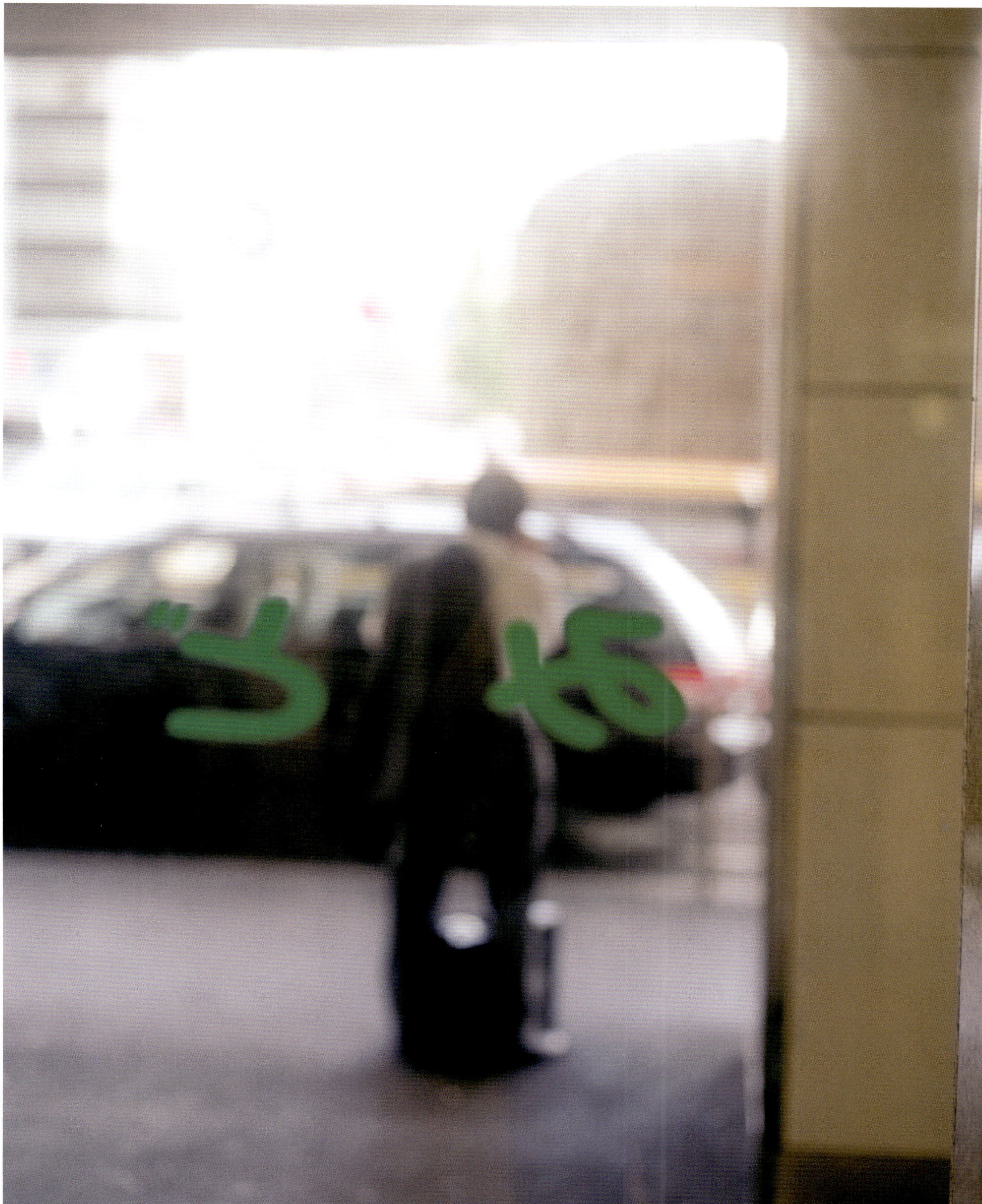

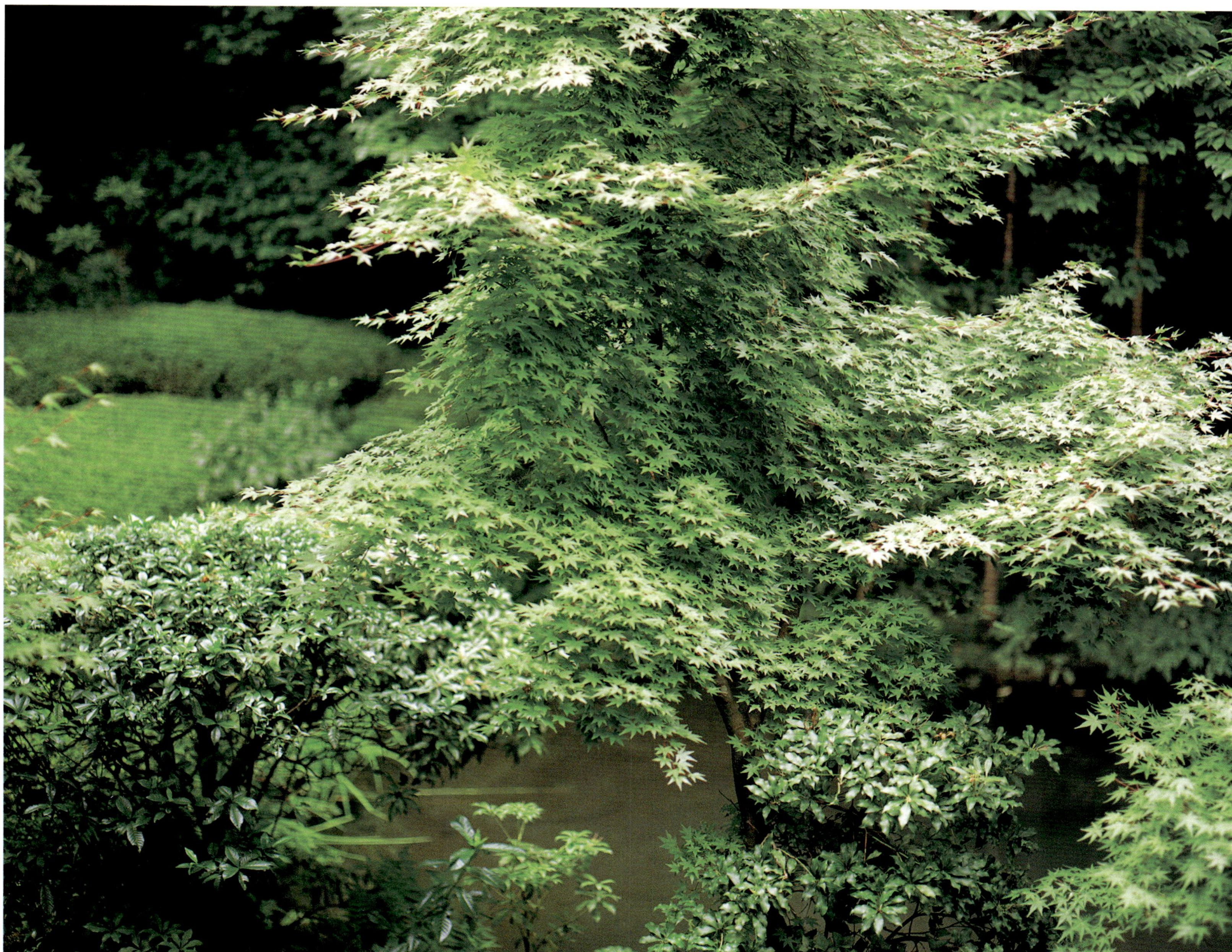

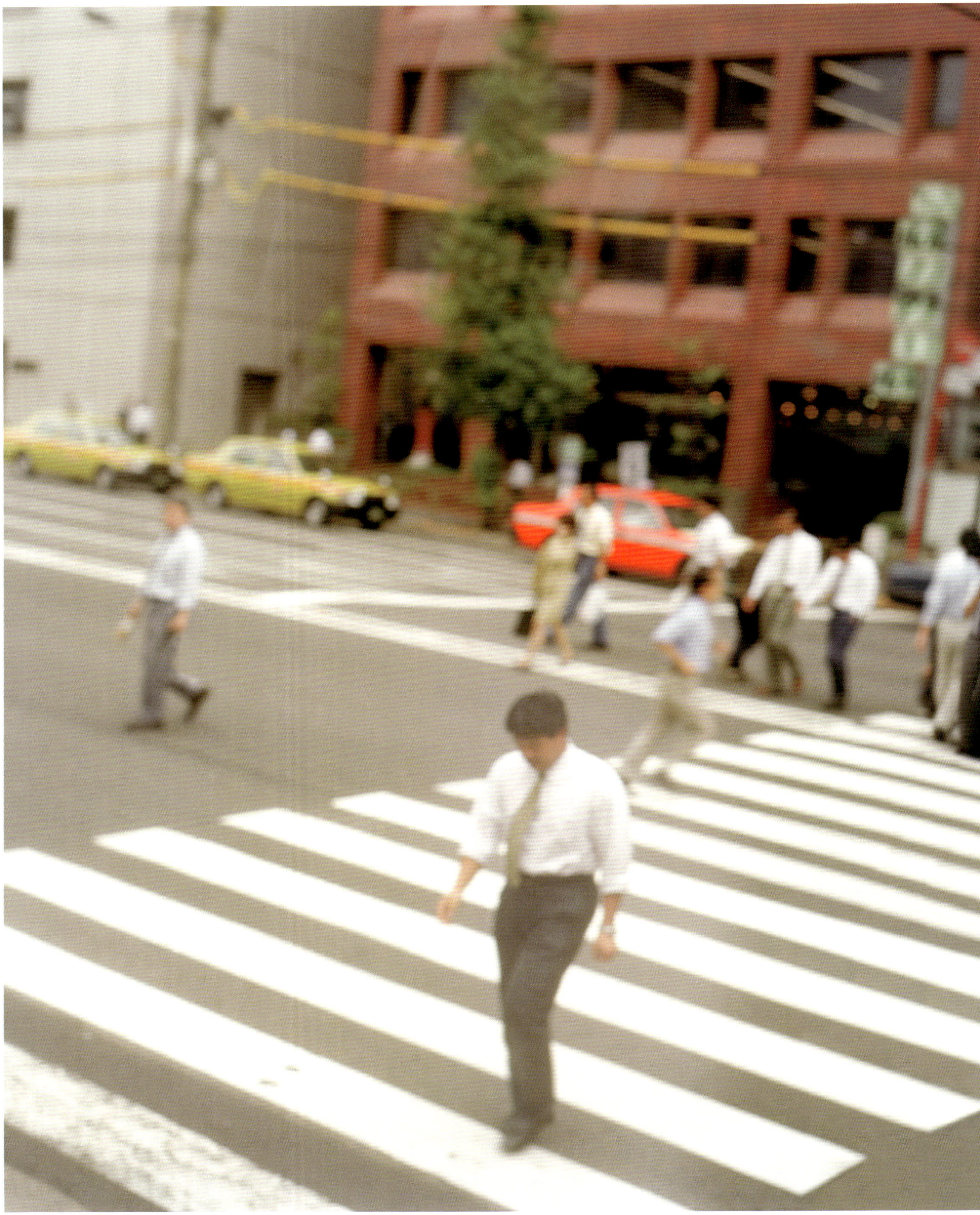

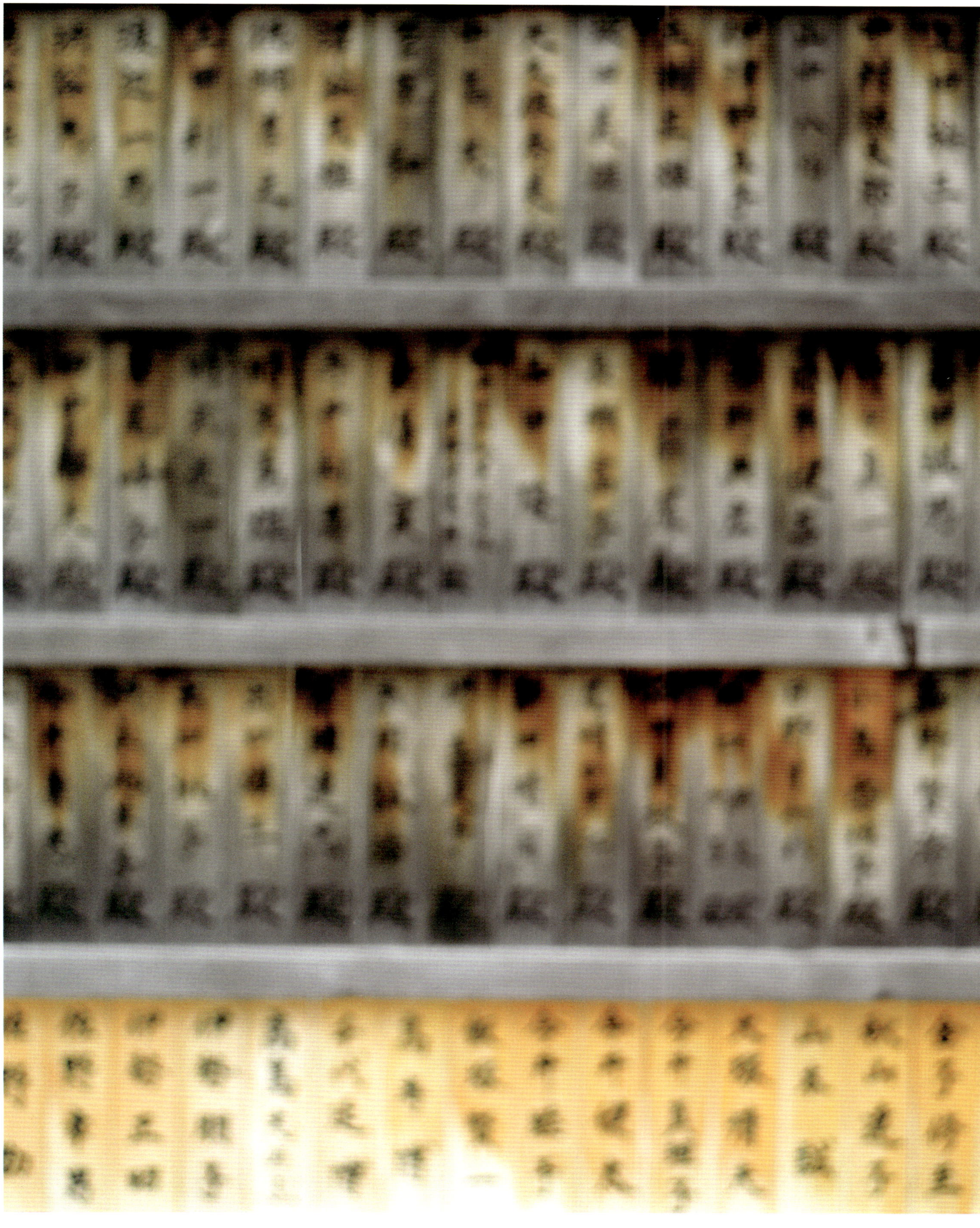

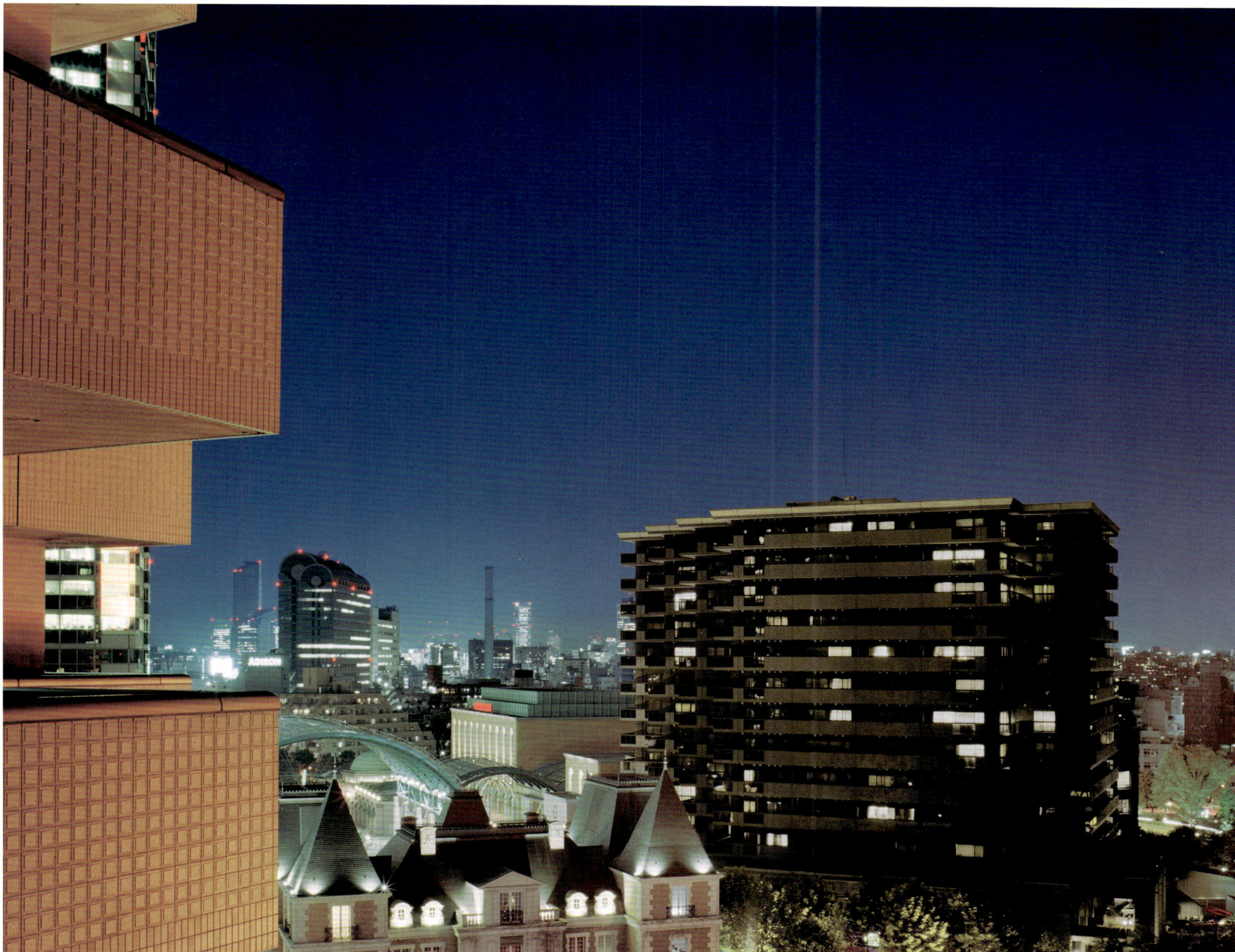

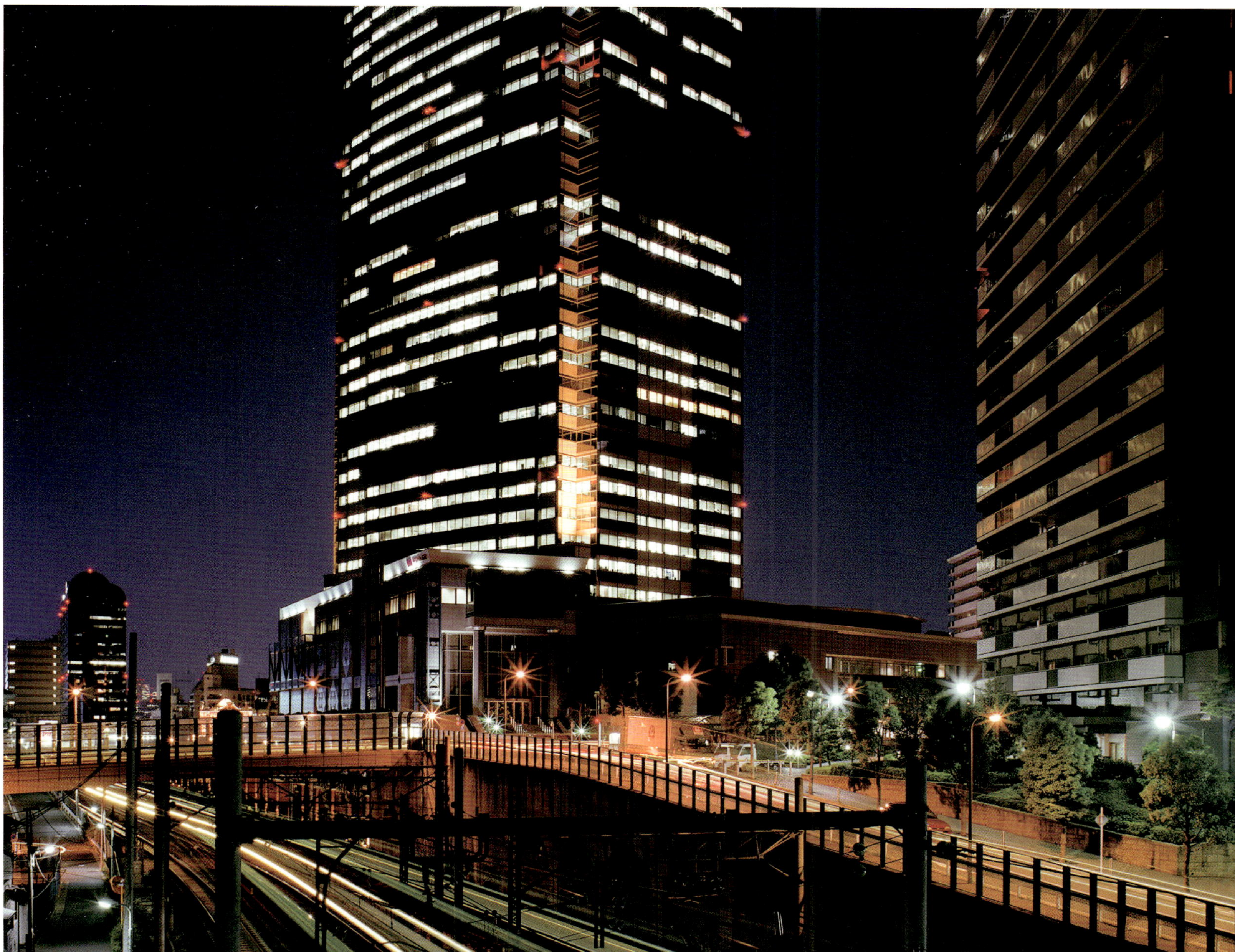

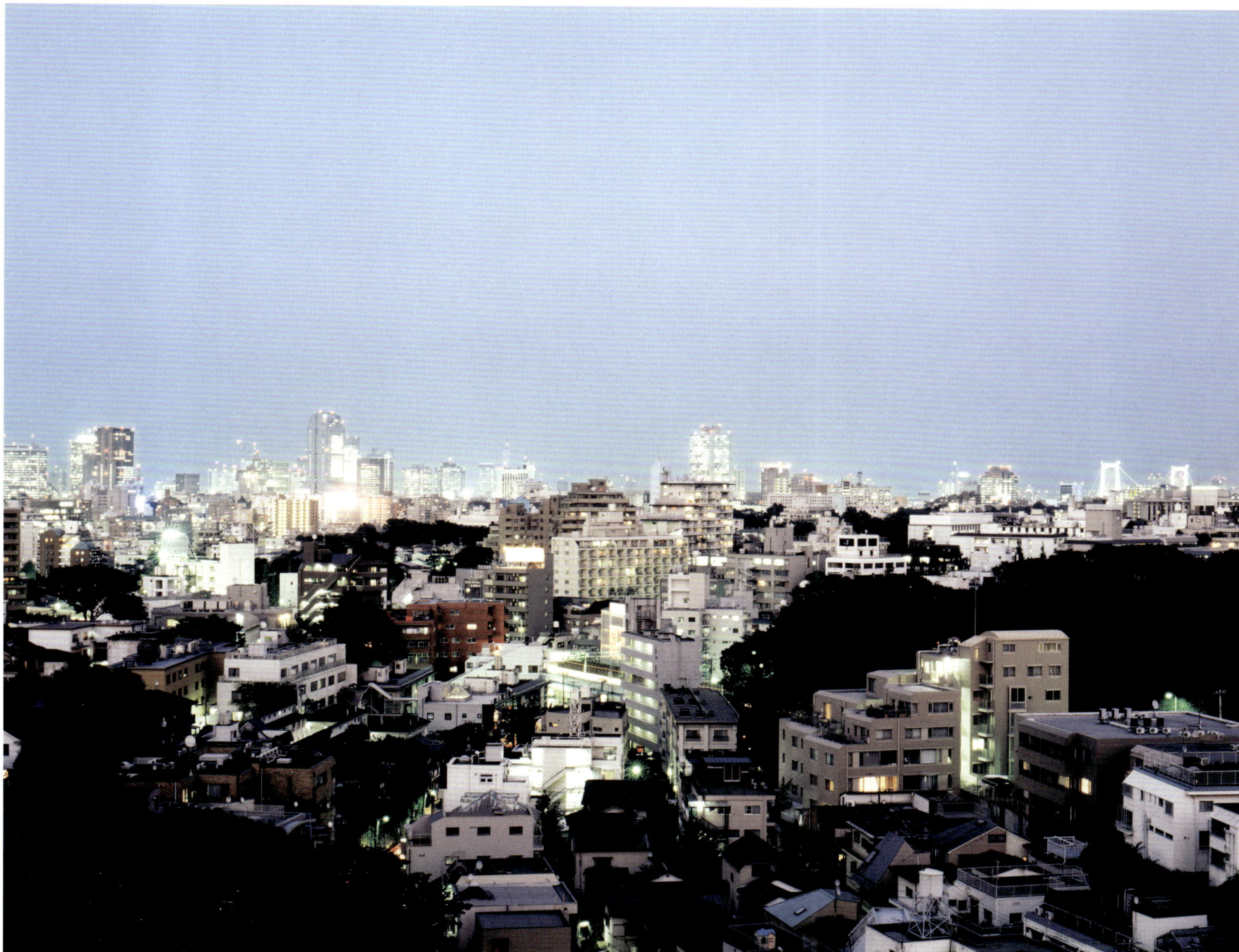

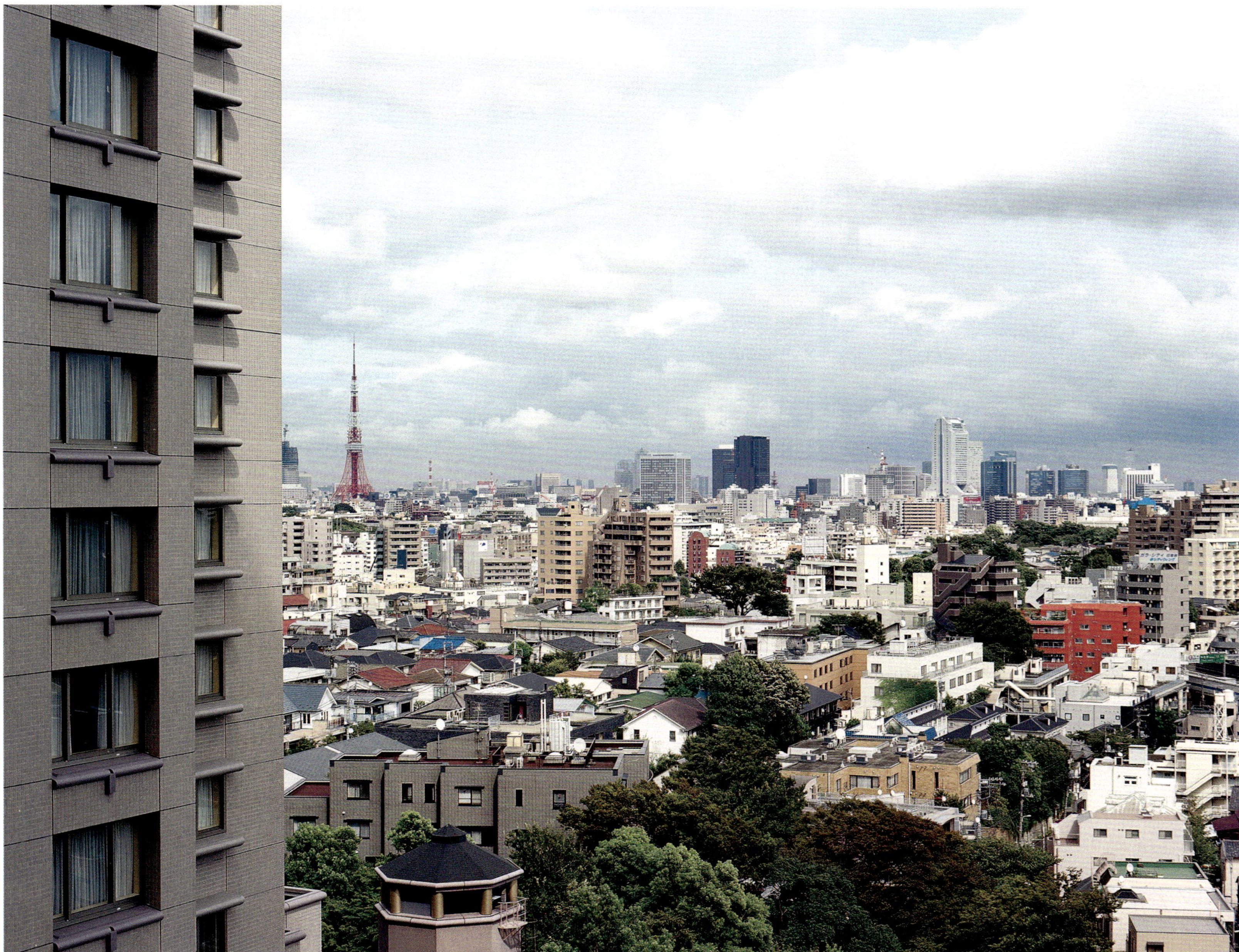

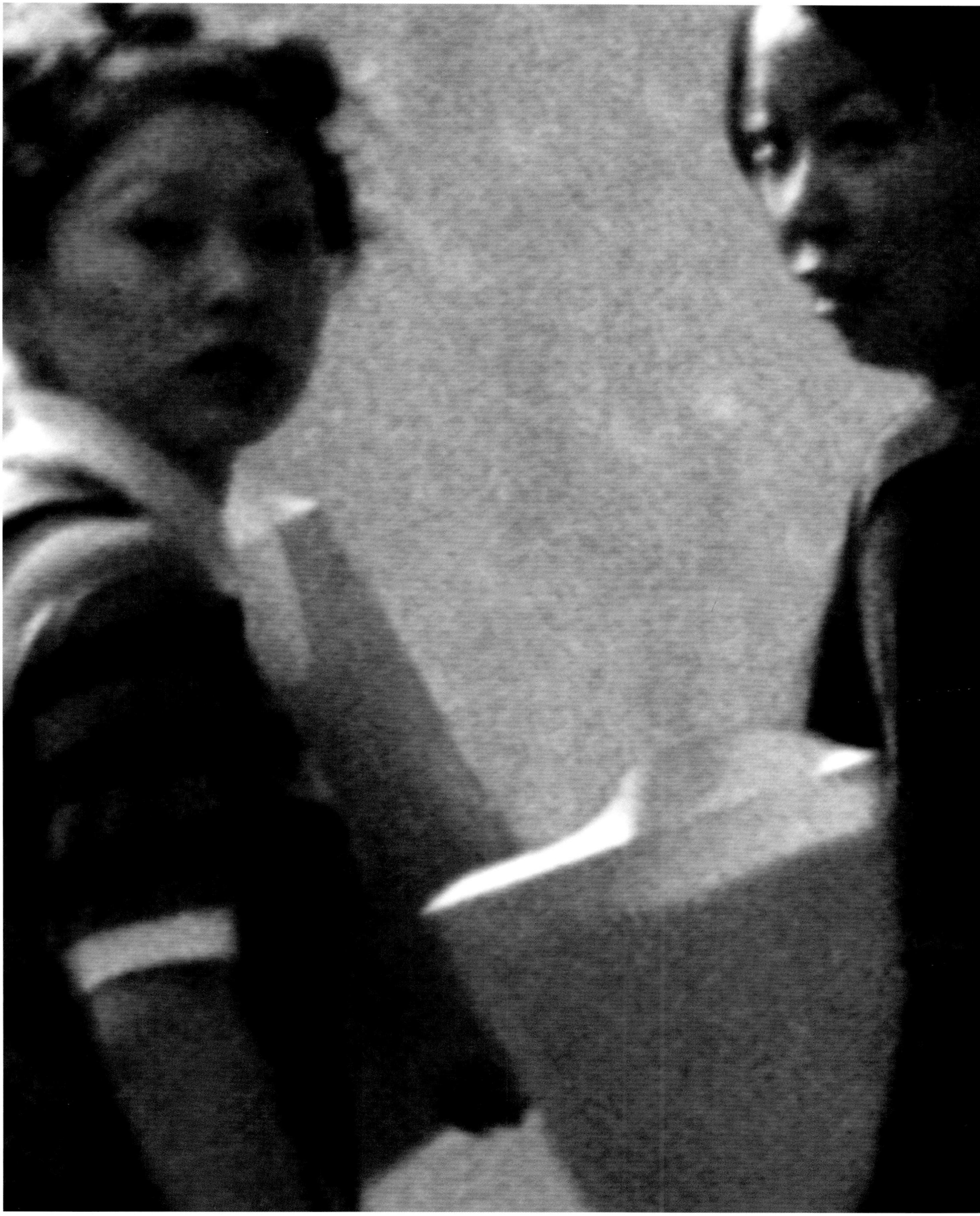

a maria luisa

Marco Zanta è nato l'1 settembre 1962. Vive e lavora a Treviso come fotografo di architettura. Ha iniziato ad occuparsi di fotografia dalla metà degli anni Ottanta, grazie a strette collaborazioni con gli storici Paolo Costantini e Italo Zannier e il fotografo Guido Guidi. Nel 1991 inizia la collaborazione con gli architetti Afra e Tobia Scarpa e il Gruppo Benetton per i quali realizzerà la documentazione fotografica di molte strutture architettoniche. Partecipa ad importanti campagne fotografiche pubbliche: *L'immagine della città* (Prato, 1994); *Dixie.10 fotografi per Milano* (Milano, 1995); *Terre a NordEst* (Spilimbergo, 1996); *Venezia-Marghera. Fotografia e trasformazioni nella città contemporanea* (Venezia-Montreal, 1997); *Linea di Confine. Gardenia* (Reggio Emilia, 1996). Ha partecipato alle Biennali di Venezia nel 1995 e nel 1997. Altre significative esposizioni in Italia e all'estero sono state: *L'image de l'architecture* (Musée des Beaux Arts, Charleroi, 1987); *L'insistenza dello sguardo* (Palazzo Fortuny, Venezia, 1989); Galerie Contretype (Bruxelles, 1995); Spazio Immagine (Bari, 1997); *DNA* (Fondazione Bevilacqua La Masa, Venezia, 1998); *32 Italian Photographers* (Canadian Center for Architecture, Montreal, 2000); *Luoghi come Paesaggi* (Galleria degli Uffizi, Firenze, 2000). Nel 1999 ha pubblicato *Iconema*, volume che accompagnava l'esposizione presentata da Galleria Imagina, Venezia e dalla Galleria dell'Immagine di Rimini. Nel 2000 ha pubblicato, sempre con Charta, *Rumore Rosso. Fotografie 1989-2000*, premio Orvieto Fotografia 2001.

***Marco Zanta** was born in September, the first, 1962. He lives and works in Treviso (Italy) as an architectural photographer. He starts his work on photography in the middle of the eighties, with the critics Paolo Costantini, Italo Zannier and the photographer Guido Guidi. In 1991 he starts his collaboration with the architects Afra and Tobia Scarpa and the Benetton Group developing a work on the architectural structures. He works for some important public campaigns:* L'immagine della Città *(Prato, 1994);* Dixie. 10 fotografi per Milano *(Milano, 1995);* Terre a NordEst *(Spilimbergo, 1996);* Venezia-Marghera. Fotografia e trasformazioni nella città contemporanea *(Venezia-Montreal, 1997);* Linea di Confine. Gardenia *(Reggio Emilia, 1996). He exhibits his photographs in 1995 and 1997 at Venice Biennale. Other exhibitions in Italy and abroad are:* L'image de l'architecture *(Musée des Beaux Arts, Charleroi, 1987);* L'insistenza dello sguardo *(Palazzo Fortuny, Venice, 1989); Galerie Contretype (Bruxelles, 1995); Spazio Immagine (Bari, 1997);* DNA *(Fondazione Bevilacqua La Masa, Venice,1998);* 32 Italian Photographers *(C.C.A., Montreal, 1998);* Luoghi come Paesaggi *(Galleria degli Uffizi, Florence, 2000). In 1999 he published* Iconema, *a book who follows the exhibitions at Imagina Gallery, Venice, and at Galleria dell'Immagine, Rimini. In 2000 he published, with Charta,* Rumore Rosso. Fotografie 1989-2000, *prize Orvieto Fotografia 2001.*

Emmanuel Hermange è storico della fotografia e critico d'arte. Per otto anni è stato vice redattore capo della rivista *La Recherche photographique* (Maison européenne de la photographie, Paris). Attualmente collabora con le riviste *Études photographiques* (Société française de photographie, Paris) e *Parachute* (Montreal). Nel 1995 è stato condirettore artistico del Mai de la Photo a Reims e, con Christine Ollier, ha allestito il percorso europeo d'esposizioni *Cosa mentale, paysage(s)* attualmente in corso (maggio 2001-aprile 2002). Inoltre, nell'ambito del progetto collettivo *Bibliomania*, ideato da Simon Morris, sta preparando un catalogo di *livres imaginaires* che sarà pubblicato dalla casa editrice Immaterial Inc. a Brooklyn.

***Emmanuel Hermange** is a historian of photography and an art critic. For eight years, he has been the vice-director of the magazine* La Recherche photographique *(Maison européenne de la photographie, Paris). At the moment he cooperates with the magazines* Études photographiques *(Société française de photographie, Paris) et* Parachute *(Montréal). In 1995 he was the art co-director of the Mai de la Photo a Reims and, together with Christine Ollier, he has organised the European tour for the exhibition* Cosa mentale, paysage(s), *currently on (May 2001-April 2002). Moreover, within the collective project* Bibliomania, *designed by Simon Morris, he is preparing a catalogue of* livres imaginaires *to be published by Immaterial Inc., Brooklyn.*

Finito di stampare nel mese di Settembre 2001
da Graficart Arti Grafiche, Resana di Treviso
per conto di Edizioni Charta